unicef
United Nations Children's Fund

Kinderen zoals jij en ik

lannoo | FORTE

WWW.LANNOO.COM

UNICEF (NY) Adviseur Arati Rao
Eindredacteur Amanda Rayner, Sue Leonard
Projectredacteur Zahavit Shalev
Vormgeving Laura Roberts, Venice Shone, Claire Penny, Cathy Chesson
Researcher Lisa Magloff
Ontwerp Abbie Collinson, Jane Bull

Uitgever Mary Ling
Fotoredactie Angela Anderson, Sarah Pownall
Cover Ontwerp Sophia Tampakopoulos
Productie Silvia La Greca Bertacchi, Shivani Pandey
DTP Designer Almudena Díaz

De kaarten in dit boek werden met de grootst mogelijke zorg getekend.
De uitgever en Unicef nemen geen standpunt in over de legale status van landen en grenzen.
De definitieve status van Jammu en Kashmir werd door India en Pakistan nog niet vastgelegd.
De stippellijn in Jammu en Kashmir is een weergave van de controlegrens.

WWW.DK.COM

Uit het Engels vertaald door: Pieter Janssens
D/2003/45/14 NUR 232
ISBN 90 209 5168 8 (Lannoo)
ISBN 90 5877 227 6 (Forte)

Distributie voor Nederland
Forte Uitgevers bv
Boothstraat 1c
NL-3512 BT Utrecht

unicef
United Nations Children's Fund

Alle kinderen hebben recht op een goede start in het leven: een goede gezondheid, onderwijs en opgroeien in een veilige omgeving. Voor de meeste kinderen in de industrielanden is dit haast van zelfsprekend. Wij, in het rijke westen, zijn ons niet altijd bewust van de 'luxepositie' waarin we leven.

Tijdens mijn verre reizen en expedities ontmoette ik kinderen van verschillende culturen en religies. Vaak werd ik geconfronteerd met extreme armoede, waardoor ik me erg verdrietig voelde, maar tegelijkertijd voelde ik ook de energie om er wat aan te doen.

De verbetering van het welzijn van kinderen is een zaak van iedereen: van organisaties zoals UNICEF, maar ook van mensen zoals jij en ik. Jong en oud, iedereen kan een rol spelen bij het creëren van een 'betere' wereld, een wereld met respect voor kinderrechten, een gezonde en veilige omgeving waar het goed vertoeven is en waar kinderen zich ten volle kunnen ontplooien.

De beelden van lachende kinderen in Soedan, de glanzende vacht van de poolbeer en de energie van de UNICEF vrijwilligers zijn de sterkste motors in de strijd tegen kinderarmoede. Laten we daarom samen werk maken van een wereld waar kinderen zich helemaal thuis voelen!

Dixie Dansercoer
Ontdekkingsreiziger
Ambassadeur van UNICEF

Dit boek neemt je mee op reis langs kinderen van overal in de wereld. Je ziet hoe ze wonen, wat voor spelletjes ze doen, waar hun school staat. In dit boek lees je ook over kinderen die moeten werken in het huishouden, op het land of werken als verkoper op straat. En over het leven van kinderen die vechten in een oorlog of opgroeien met een handicap.

Je stapt heel even in het leven van die kinderen ver hier vandaan. Ook al is jouw leven heel anders, onthou goed: alle kinderen op de wereld zijn gelijk. Arm of rijk, blank of zwart, ieder kind heeft dezelfde rechten. Bijvoorbeeld het recht op schoon drinkwater, een huis, voedsel en een dokter. En wist jij dat jullie allemaal het recht hebben om te spelen en op onderwijs?

Unicef wil ervoor zorgen dat alle kinderen krijgen waar ze recht op hebben. Ons uitgangspunt bij alles wat we doen is dan ook 'Kinderen Eerst'! Ook in dit boek komen kinderen op de eerste plaats. Ze vertellen in hun eigen woorden over wat ze belangrijk vinden.

Als je 'Kinderen zoals jij en ik' leest, raak je vanzelf bevriend met Arif, Natalie, Eli en al die andere kinderen. En je zult ontdekken dat ook zij, ook al wonen ze heel ver weg, eigenlijk hetzelfde zijn als jij.

Paul van Vliet
Cabaretier
Ambassadeur van UNICEF

Over UNICEF

Voor UNICEF is het Verdrag inzake de Rechten van het kind een belangrijk hulpmiddel bij de inspanningen voor de verbetering van het welzijn van de kinderen in de wereld. Het Verdrag garandeert het totstandkomen van een wereldwijde dynamiek en aandacht voor het respect voor kinderrechten.

www.unicef.be

www.unicef.nl

1. Overleven

2. Ontplooiing

3. Bescherming

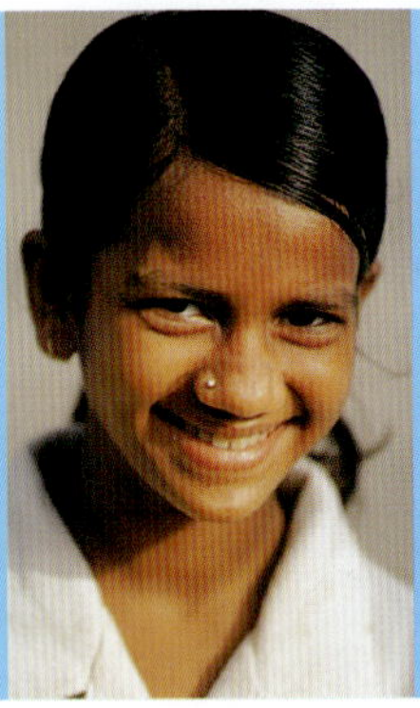

4. Inspraak

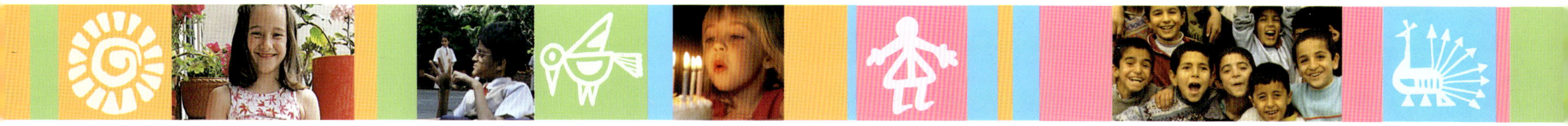

Inhoud

Waar wonen ze?

Je zult in dit boek kinderen uit de hele wereld ontmoeten. Hoewel ze heel verschillend lijken, hebben ze een en hetzelfde doel – ze willen een goed leven leiden. Op de volgende bladzijden leer je meer over hun leven, hun gedachten en hun toekomstverwachtingen.

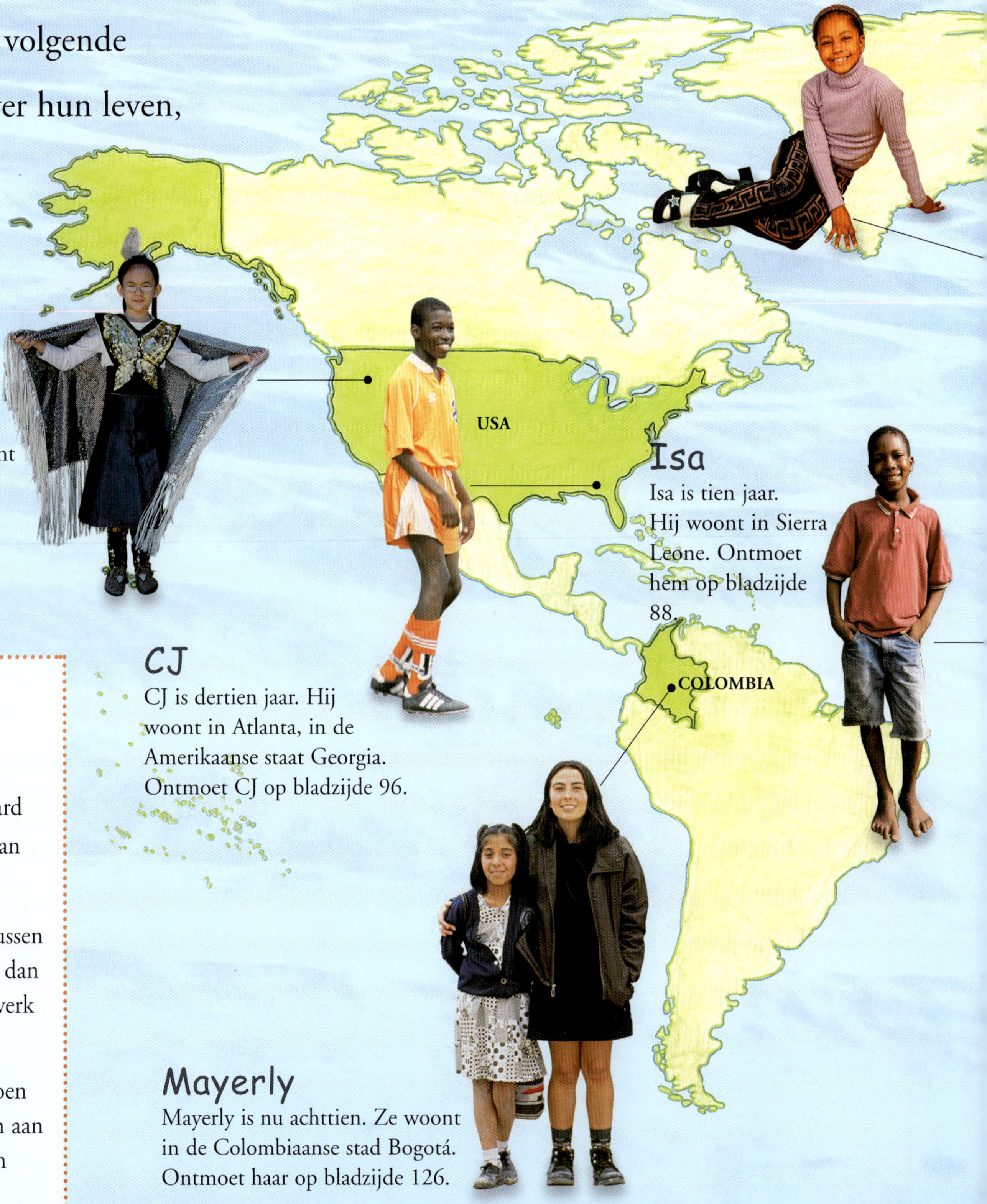

Natalie

Natalie is negen jaar. Ze woont in Bedfordshire in het Verenigd Koninkrijk. Ontmoet haar op pagina 42.

Taralyn

Taralyn is tien jaar. Ze woont in de omgeving van Seattle, in de Amerikaanse staat Washington. Ontmoet Taralyn op bladzijde 120.

Isa

Isa is tien jaar. Hij woont in Sierra Leone. Ontmoet hem op bladzijde 88.

CJ

CJ is dertien jaar. Hij woont in Atlanta, in de Amerikaanse staat Georgia. Ontmoet CJ op bladzijde 96.

Mayerly

Mayerly is nu achttien. Ze woont in de Colombiaanse stad Bogotá. Ontmoet haar op bladzijde 126.

Kinderen overal ter wereld

De aarde heeft meer dan 6 miljard inwoners. Meer dan 2 miljard van hen zijn jonger dan achttien.

Meer dan 210 miljoen kinderen tussen vijf en veertien jaar werken. Meer dan de helft van hen doet gevaarlijk werk of werkt hele dagen.

Er sterven elk jaar bijna 11 miljoen kinderen onder de vijf, de meesten aan ziekten die voorkomen hadden kunnen worden.

Ivana
Ivana is twaalf jaar. Ze woont in de Joegoslavische stad Pristina. Ontmoet haar op bladzijde 72.

Eli
Eli is vijftien. Hij woont in Yemin Orde Youth Village in Israël. Ontmoet hem op bladzijde 112.

Nadin
Nadin is elf. Ze woont in het kamp Kalandia in Palestijns bezet gebied. Ontmoet haar op bladzijde 34.

Najaha en Abdisukri
Najaha is tien en Abdisukri negen. Ze wonen in de Nederlandse stad Tilburg. Ontmoet hen op bladzijde 108.

Maria
Maria is negen. Ze woont in de Afghaanse stad Kaboel. Ontmoet haar op bladzijde 54.

Nou
Nou is negen. Ze woont in Ponsavanh in Laos. Ontmoet haar op bladzijde 16.

Mahasin
Mahasin is negen jaar. Ze woont in de Soedanese plaats Tambisco. Ontmoet haar op bladzijde 32.

Sbongile
Sbongile is tien. Ze woont in Kaapstad in Zuid-Afrika. Ontmoet haar op bladzijde 52.

Vincent
Vincent is vijftien. Hij woont in Rwanda. Ontmoet hem op bladzijde 24.

Sibasish
Sibasish is dertien jaar. Hij woont in Kolkata in India. Ontmoet hem op bladzijde 124.

Arif
Arif is 12. Hij woont in Dhaka, Bangladesch. Ontmoet hem op bladzijde 80.

Michael
Michael is zes. Hij woont in Lake Torrens Station in Australië. Ontmoet hem op bladzijde 62.

1. Overleven

Elk kind heeft recht op **water** vlak bij huis, zodat het veilig kan drinken.

Elk kind heeft recht op genoeg voedzaam **eten,** zodat het kan groeien en gedijen.

Overleving - zelfstandig naamwoord - werkwoord; overleven **1** in leven blijven; blijven leven. **2** blijven functioneren of rondkomen ondanks enkele ongunstige omstandigheden of ontbering; volhouden; doorstaan.

Thuis moet een plek zijn waar elk kind zich veilig en op zijn gemak kan voelen.

Elk kind heeft recht op **gezondheid**szorg om een volledig en actief leven te kunnen leiden.

Elk kind heeft recht op water

wassen, plechtigheden, drinken,

Levenschenkend water

Zonder water zou er geen leven zijn op aarde.

Water is het kostbaarste bezit van onze planeet. Een mens kan slechts enkele dagen zonder water in leven blijven. We gebruiken water op een heleboel verschillende manieren, zonder er zelfs maar bij na te denken. Sommigen van ons hoeven maar een kraan open te draaien en het water gutst eruit. Maar voor niet iedereen ter wereld is water iets vanzelfsprekends.

voedsel verbouwen, zwemmen, spelen

Hoeveel water is er?

Stel je eens voor dat je morgen wakker wordt en merkt dat er geen kranen zijn. Wat zou je doen?

- **Zoals zoveel mensen** op aarde zou je het water dat je nodig hebt uit een rivier, een meer, een put, een pomp of een gemeenschappelijke kraan moeten halen.
- **Water houdt ons in leven.** We gebruiken het om te drinken, om voedsel te verbouwen en de was te doen. Het is ook onmisbaar bij het bouwen van huizen en het draaiend houden van fabrieken.
- **97 procent van het water op aarde is zout zeewater,** dat niet kan worden gebruikt. Het grootste deel van het zoete water op aarde is moeilijk bereikbaar omdat het onder de grond of in ijsbergen zit. Slechts 1 procent van het zoete water op aarde is beschikbaar – maar dat is nog altijd ruim voldoende voor onze behoefte.

Hoeveel water gebruik je?

In sommige landen moet je het doen met slechts één emmer water per dag.

Als je de kraan twee keer per dag tijdens het tanden poetsen zou laten lopen, gebruik je zoveel water.

Met drie bezoeken aan het toilet spoel je zoveel water weg door het riool.

Om schoon te blijven heb je zoveel water nodig.

Fabrieken gebruiken een heleboel water.

Zelfs het ene procent zoet water dat op onze planeet beschikbaar is, is soms niet veilig om te drinken.

Dus er is genoeg water voor iedereen? Ja! Maar er zijn enkele problemen…

- **Te weinig regen** Er valt elke dag genoeg regenwater om het land onder een 80 centimeter dikke laag te bedekken. Dat zou meer dan genoeg moeten zijn voor iedereen. Het probleem is dat er in sommige gebieden meer regen valt dan in andere.

- **Slecht water** Er sterven elke dag 14.000 mensen doordat het water dat ze gebruiken gevaarlijke stoffen of ongezuiverd rioolwater bevat. Diarree, veroorzaakt door vervuild water en onhygiënische omstandigheden, doodt meer dan 1 miljoen kinderen per jaar.

- **Te veel regen** Vele vruchtbare delen van de aarde kampen met overstromingen. Deze verwoesten de huizen en vervuilen de watervoorraad. Daardoor kunnen ziektes zich gemakkelijk verspreiden.

- **Droge woestijnen** 14 procent van het aardoppervlak is woestijn en die woestijn wordt elke dag groter. In woestijnen valt weinig of geen regen. De mensen moeten er kilometers ver lopen om water te halen voor zichzelf, hun dieren en hun gewassen.

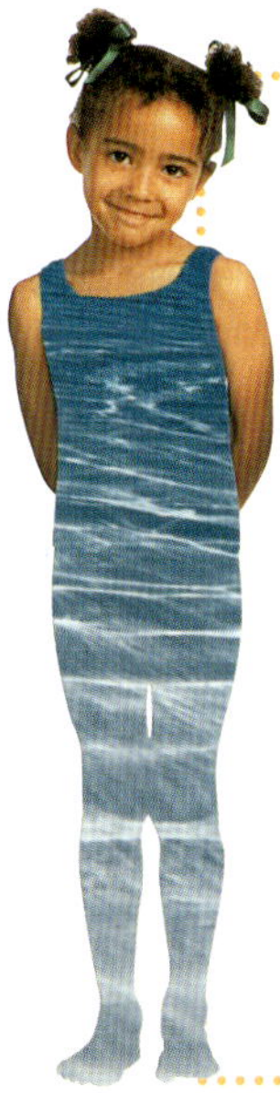

Waterfeiten

Geloof het of niet, je bestaat voor 75 procent uit water!

Na drie dagen zonder water ga je waarschijnlijk dood.

Je botten bestaan voor 50 procent uit water.

Dat betekent water om te **drinken**, te **wassen** en te **koken**.

Dat staat gelijk aan **het dagelijkse waterverbruik** van sommige mensen.

= 10 liter

Zoveel water **gaat er in een bad.**

Zoveel water verbruikt een **wasmachine** voor één lading vuile was.

Zoveel water was er nodig **voor het maken van de schoenen** die je draagt.

Zeewater is ondrinkbaar omdat het te zout is.

Waterverhalen

Deze kinderen hebben het geluk dat ze over schoon, veilig stromend water kunnen beschikken. De meesten van hen moeten het echter elke dag halen voor hun familie – een zwaar, tijdrovend karwei.

Afghanistan Twee jongens halen water bij een handpomp. Dorpen in deze streek zijn getroffen door droogte en deze pompen zijn dus van levensbelang. De plaatselijke bevolking heeft les gehad in hygiëne en het onderhoud van de pompen.

Dit dorp in Afghanistan werd tijdens een oorlog in de jaren tachtig gebombardeerd. In 2002 is het nog steeds niet herbouwd.

Een emmer om het water mee naar huis te nemen

India Twee meisjes dragen een kruik naar een gemeenschappelijke waterbron, waar ze ze met water vullen om ze daarna naar huis te brengen. De meisjes nemen op elke tocht zoveel mogelijk kruiken mee; de grootste zetten ze op hun hoofd en de andere houden ze in de hand. Hun hoofd wordt beschermd door een lap.

••• Een emmer water van 10 liter weegt 10 kilo. Ongeveer even zwaar als een kind van een jaar!

Nederland Najaha vult een glas met water uit de kraan in haar keuken. Ze is de enige op deze bladzijde die niet naar buiten hoeft om water te halen.

••• Hoeveel kranen en wastafels zijn er in je huis? In welk opzicht zou je leven veranderen als er maar één in je huis zou zijn? Of als je je water buitenshuis zou moeten halen? Of een paar straten verderop?

Jamaica Een meisje vult een emmer met water uit een gemeenschappelijke kraan. Zo'n kraan is niet zo handig als een kraan in huis, maar het is beter dan water moeten halen uit een rivier of een meer. Als de mensen water komen halen, wisselen ze ook nieuwtjes uit en maken een praatje.

••• Voordat het water de kraan bereikt, wordt het uit de grond naar boven gepompt. Daarna moet het worden behandeld om vuil en ziektekiemen te verwijderen, zodat je het veilig kunt drinken. Anders is het niet veiliger dan rivierwater.

Nou

Twee jaar geleden werd er een pomp geplaatst in het dorp van Nou in Laos. Tot die tijd haalden de inwoners water uit een rivier. Dat was niet veilig en vaak werden ze er ziek van.

Voor de pomp

Een beek in de buurt leverde alle water voor het dorp van Nou. Het was niet veilig, maar het was alles wat de dorpsbewoners hadden. Drie maanden per jaar droogde de beek op. De mensen groeven gaten in de bedding, maar het water daaruit was altijd modderig.

'Nu er veilig drinkwater is, worden de mensen niet meer ziek en hoeven ze niet zoveel geld en tijd te besteden aan de dokter.'

Water halen

Kinderen in Laos halen water voor hun familie. Nou en haar vriendjes gingen vroeger vaak naar de beek en misten dan vaak enkele lessen.

'Ik had mijn eigen emmers, kleiner dan de emmers die mijn oudere zusje gebruikte.'

Laos

Laos, een bergachtig, bosrijk land, heeft een moessonklimaat. Dat betekent dat zich zowel overstromingen als droogten voordoen, afhankelijk van het jaargetijde.

DE TOCHT

De tocht om water te halen ging over een steile helling en een wankele brug. Je had tien minuten nodig om er te komen, maar twintig minuten voor de terugtocht met zware emmers.

'Vroeger haalde ik twee keer per dag water uit de beek. Ik liep erheen met mijn vriendjes. We konden onderweg kletsen, al waren de emmers zwaar.'

MEER TIJD

Nu de pomp midden in het dorp staat, heeft iedereen meer tijd dan vroeger – Nou om te spelen en haar moeder om te helpen op het veld.

'We kunnen nu zo makkelijk aan water komen. Ik kan een emmer fris water gaan halen wanneer ik maar wil.'

WAS

De beek wordt nog steeds gebruikt om de was in te doen, maar naar het toilet gaan is makkelijker en hygiënischer dankzij de nieuwe, overdekte wc die de vader en de broer van Nou hebben gebouwd.

'Het dak en de wanden van onze wc zijn van bladeren en stro en hij staat vlak bij ons huis.'

SCHOOLTUIN

Het dorp heeft nu iets nieuws. Een tuin was vroeger niet praktisch omdat het water van te ver moest worden gehaald. Nu is dat geen probleem meer, want de dorpspomp staat op het schoolplein.

'We hebben een schooltuin met bloemen. We geven ze elke dag water.'

'Het leven is nu beter!'

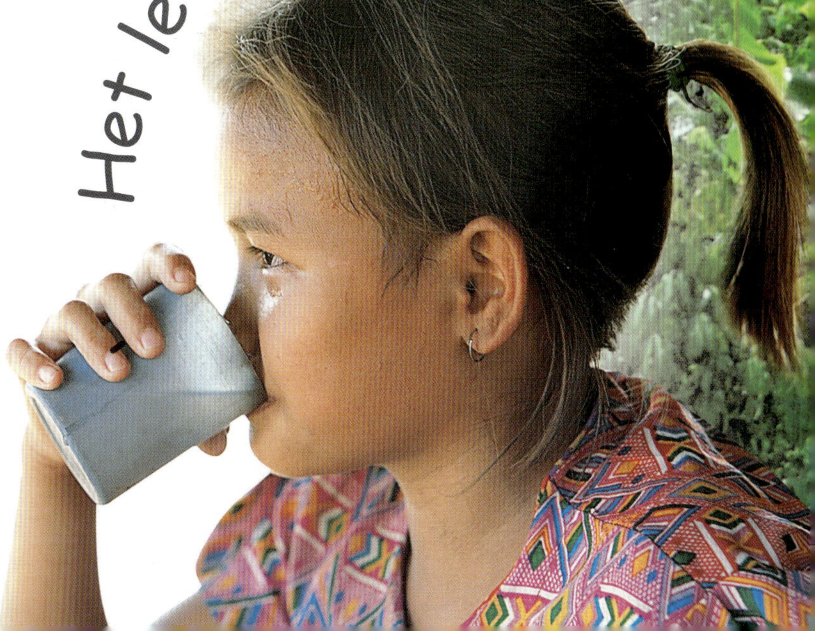

Elk kind heeft recht op

eten

overleven, groei, gezondheid,

Voedsel is onze brandstof

We eten om in leven te blijven

We genieten van de smaak en de geur van voedsel en van hoe het aanvoelt. Bij de meeste vieringen en feestdagen wordt er gezamenlijk gegeten. Terwijl mensen in rijke delen van de wereld sterven aan ziekten die worden veroorzaakt door te veel eten, moeten veel mensen in armere gebieden vechten om genoeg voedsel om in leven te blijven.

kracht, energie, feesten

Waarom hebben we eten nodig?

14 procent van de wereldbevolking gaat elke avond met honger naar bed.

Heb je ooit geprobeerd te leren of te spelen terwijl je honger had?

- **Als kinderen niet genoeg te eten krijgen,** hebben ze geen energie om te werken, te spelen of te leren. Hun lichaam en hun hersenen groeien niet zoals ze zouden moeten doen en ze worden makkelijker ziek.
- **Ondervoeding** betekent dat je niet genoeg van het voedsel krijgt dat je nodig hebt. Er sterven elk jaar miljoenen kinderen aan ziektes die erger worden door ondervoeding.
- **Als er gebrek aan eten is,** geven sommige ouders in sommige landen hun zoons beter te eten dan hun dochters, met als gevolg meer ondervoeding bij meisjes.

Wat gebeurt er als we geen evenwichtige voeding krijgen?

Een op de vier kinderen krijgt niet genoeg eiwitten of calorieën.

Voedzame voedingsmiddelen zoals rijst, pasta, brood en granen worden koolhydraten genoemd.

Een op de vier mensen krijgt niet genoeg vitaminen en mineralen.

Voedingsmiddelen die suiker en vet bevatten, smaken vaak erg lekker.

Eet gezond voedsel!

Waardoor lijden mensen honger?

- **Milieuproblemen**, zoals droogte, overstroming en ontbossing vernietigen de bodem, waardoor voedsel verbouwen moeilijk wordt. Het probleem wordt nog erger als mensen landbouw bedrijven op slechte grond.
- Door de **oorlog** worden mensen van huis en haard verjaagd, waardoor het moeilijk is gewassen te planten en voedsel te verdelen. Tijdens een oorlog geven regeringen geld uit voor wapens in plaats van voor voedsel.
- **Overbeweiding** door dieren beschadigt de grond en de bodem, waardoor gewassen niet kunnen groeien. Overbevissing heeft niet alleen invloed op het aantal vissen in zee, maar ook op andere dieren en planten in de voedselketen.
- Sommige mensen hebben niet genoeg geld om eten te kopen of om werktuigen te kopen om zelf voedsel te verbouwen. Hoe minder voedsel er is, hoe duurder het wordt.

Een goed idee?

Waarom kunnen we hongerige mensen niet gewoon ons overbodig voedsel sturen?

Het zou sterfte voorkomen, maar het zou niet de hongersnood oplossen.

Regeringen moeten ervoor zorgen dat iedereen zijn eigen voedsel kan verbouwen of kopen.

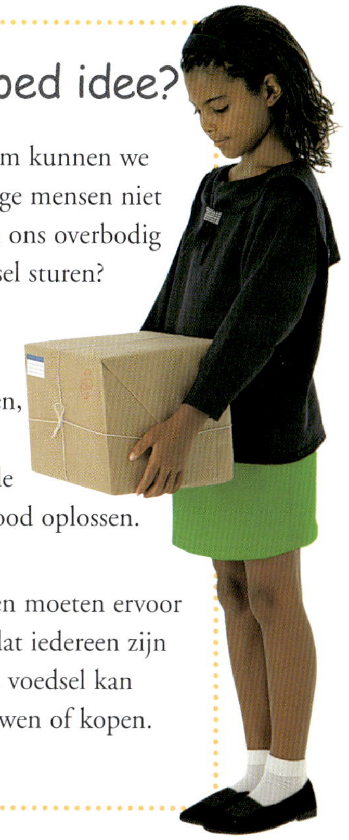

Veel arme mensen moeten bijna al hun geld besteden aan eten, zodat er weinig overblijft voor andere behoeften.

Elk kind is vele dagen per jaar ziek.

Zonder deze voedingsmiddelen hebben kinderen **geen energie** om de dag door te komen.

Dit **tast de weerstand** van het lichaam **tegen ziekten** aan.

Door te veel ervan kunnen we **te zwaar en ongezond** worden.

Blijf gezond en gelukkig!

Wat schaft de pot?

Een basisvoedsel is een voedingsmiddel dat de basis vormt van onze maaltijden. Of het nu brood is, rijst, pasta of aardappelen, als we het zien of ruiken, weten we dat we binnenkort geen honger meer zullen hebben.

Verenigd Koninkrijk Sommige mensen gebruiken zondags graag een uitgebreide lunch. Een traditioneel hoofdgerecht hierbij kan bestaan uit braadvlees, gebakken aardappels, yorkshirepudding, groenten en jus.

Deze maaltijd wordt aan tafel met mes en vork gegeten. Engelse mensen praten graag tijdens een uitgebreide maaltijd.

Vietnam Er zijn heel veel rivieren en meren in Zuidoost-Azië, zodat de mensen volop vis kunnen eten.

De meeste maaltijden in Azië bevatten rijst of pasta. Vietnamese mensen eten uit een kom en gebruiken eetstokjes.

Bangladesh Veel gebruikte smaakstoffen voor voedsel zijn onder andere zout, koriander, kurkuma, chilipoeder, knoflook, uien en peper.

... In Bangladesh gebruiken de mensen bij het eten alleen hun rechterhand. Ze zeggen niet veel als ze eten.

Mozambique *Fufu* is het basisbestanddeel van de meeste maaltijden in Mozambique. *Fufu* maken is een inspannend karwei. Je moet de graankorrels koken, fijnstampen en door elkaar roeren tot je een gladde brij hebt.

Maïskorrels (ware grootte)

... Fufu kan worden gemaakt van maïs, bataten of pisangs (een soort banaan). In andere delen van Afrika wordt het ook wel sadza of oegali genoemd.

Fufu

Vincent

Vincent is vijftien en woont in Rwanda. Zijn moeder en zijn vader zijn dood en Vincent zorgt voor zijn jongere broer en zusjes. Hij doet veel huishoudelijk werk, zoals het voedsel dat het gezin nodig heeft verbouwen en kopen.

Rwanda

Het gematigde klimaat in Rwanda is gunstig voor de landbouw. De meeste mensen eten wat ze zelf verbouwen, maar sommige mensen verbouwen koffie en andere gewassen

DE LUNCH KLAARMAKEN
Donata Uwamahoro, het veertienjarige zusje van Vincent, maakt het middageten klaar terwijl Vincent op school is.

'Mijn oudste broer is 32. Hij woont hier vlakbij met een eigen gezin.'

BANANEN EN GEITEN

Vincent verbouwt bananen op zijn land. Ook houdt hij een paar geiten, die mest leveren voor de gewassen.

... 'Ik sta op als het licht wordt. Ik begin met wat gras te snijden om onze geiten te voeren.'

GROENTEVELDJE

De broer van Vincent helpt hem bij het wieden van het koolveld. Een plaatselijke organisatie gaf Vincent adviezen over het telen van groenten en hij verbouwt ook tomaten en bataten.

... 'Vroeger verdienden we een beetje met onze koffiestruiken, maar die leveren geen bonen meer op. Nu verdien ik geld met klusjes.'

HOUTBEWERKING

Vincent leert timmeren in een dagverblijf voor wezen, geleid door een plaatselijke organisatie.

... 'Ik wil timmerman worden, dan kan ik mijn brood verdienen met bedden en andere meubels maken.'

IN VUUR EN VLAM

De zus van Vincent kookt meestal, maar haar broertjes helpen haar om het vuur aan te maken.

... 'We eten één keer per dag. Ik eet op school, de anderen thuis.'

Elk kind heeft recht op een

huis

warm, koel, droog, veilig, beschutting,

Oost west, thuis best

Onze huizen beschutten ons tegen het weer.

Thuis voelen we ons veilig, op ons gemak en ontspannen. Een huis kan overal en van allerlei materiaal worden gebouwd. Mensen wonen in allerlei woningen, zoals huizen, flats, caravans, kelders, woonboten, boomhutten en tenten.

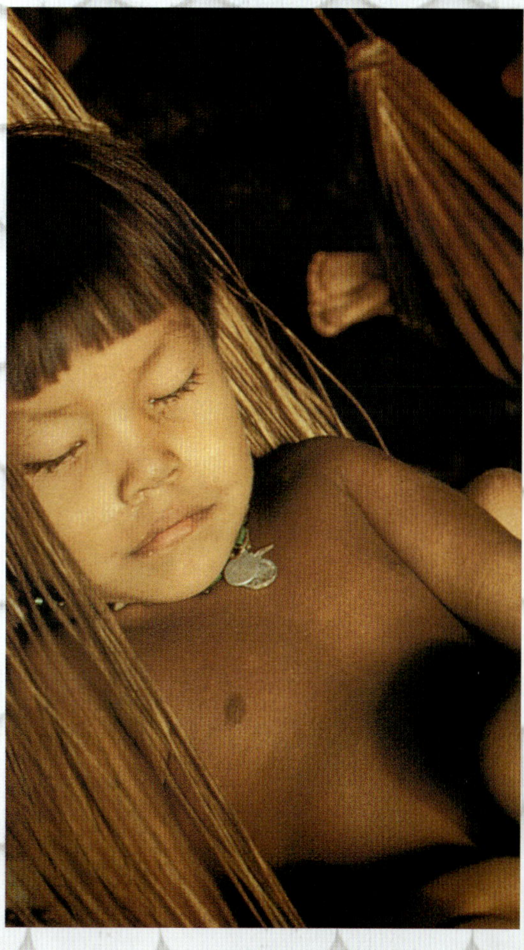

privacy, ruimte, comfort, rust

Waar wonen mensen?

Een thuis is meer dan een gebouw. Het is een plek waar je je beschermd, veilig, gezond en gelukkig kunt voelen.

Het maakt niet uit hoe een huis eruitziet, maar om een goed thuis voor kinderen te zijn moet een huis het volgende bieden:

- **Beschutting** tegen het weer, verwondingen, rook en vervuiling
- **Een veilige watertoevoer** in of bij het huis
- **Stevige muren** die niet gemakkelijk in brand vliegen
- **Sanitaire voorzieningen** om menselijk en ander afval kwijt te raken
- **Veilige opslag** en bereiding van voedsel
- **Genoeg ruimte** voor iedereen die er woont
- **Volwassenen** die voor kinderen kunnen zorgen

Er zijn niet genoeg betaalbare woningen,

- Bijna de helft van de wereldbevolking woont in steden.
- 250 miljoen mensen in steden hebben geen veilig leidingwater.
- 400 miljoen mensen in steden hebben geen toilet of latrine.
- Minstens 600 miljoen mensen wonen in sloppenwijken of barakken.

Meer dan 20 miljoen gezinnen in de wereldsteden zijn dakloos

Niet iedereen is door dezelfde oorzaak dakloos. Er zijn vele oorzaken.

- Oorlog en geweld verdrijven mensen uit hun huis. Meer dan de helft van alle vluchtelingen zijn kinderen. Sommige kinderen lopen weg van huis omdat ze worden mishandeld.
- Als er geen werk is, trekken de mensen van het platteland naar de steden. Daardoor raken de steden overbevolkt en worden huizen er nog duurder.
- Natuurrampen zoals droogte, overstromingen, vulkaanuitbarstingen en stormen kunnen huizen verwoesten. Na een ramp is er soms geen geld meer om huizen te herbouwen.
- Er zijn niet genoeg betaalbare woningen voor alle mensen die dat nodig hebben. Werklozen en mensen die weinig verdienen, eindigen soms op straat.

Er zijn allerlei typen huizen

In de hete woestijn van Tunesië wonen sommige mensen in ondergrondse woningen, waar het koel is.

Op de rivieren van Hongkong en Thailand wonen mensen soms op boten.

waardoor sommige mensen in slechte omstandigheden moeten wonen.

- Eén derde van alle stadsbewoners woont in slechte huizen.
- Dat betekent dat de armste gezinnen zich nergens kunnen wassen. Veel mensen moeten water kopen bij dure waterverkopers.
- Veel gezinnen moeten een toilet delen. Hun toekomst is somber door de onhygiënische toestanden, die ziektes verwekken.
- 1,3 miljard mensen wonen in slechte huizen.

Een plek om te leven

Huizen zijn overal ter wereld verschillend. Er zijn stadswoningen en landhuizen, huizen in een warm klimaat en in een koud klimaat, huizen op of aan het water en huizen op of bij bergen. Wat maakt van een huis een thuis? De mensen die erin wonen.

Turkije Onze eerste voorouders vonden waarschijnlijk beschutting tegen zon, wind en regen in grotten. Ook nu zijn er nog mensen die ervoor kiezen in een grot te wonen of een grot te gebruiken als basis voor een huis. Zo'n huis wordt diep in een grot gebouwd. Door de dikke muren is het er 's zomers koel en 's winters warm.

••• Het grote voordeel van een grotwoning is dat je je huis niet van de grond af hoeft op te bouwen – de grot is er immers al.

China Een gezin op hun houten woonboot die in ondiep water voor anker ligt bij een dorp in de provincie Fujian. Op het water wonen is handig om te vissen en om de vis die je vangt te verkopen. Vaak zijn het dan ook vissers en hun gezin die in zo'n huis leven.

••• Als je op een woonboot woont, wen je algauw aan de deinende beweging van het water en de krappe ruimte. Kinderen die opgroeien op een woonboot, leren van jongs af aan zwemmen en zich verantwoordelijk gedragen bij het water.

Laos De mensen in Laos vlechten panelen van rotan (een soort gras). Ze hebben maar één dag nodig om de panelen te verbinden tot een huis, maar de panelen moeten wel regelmatig worden vervangen.

... In de regentijd kan het erg modderig worden. Daarom staat het huis op palen. Het gedeelte rechts is een kooi waar het gezin varkens houdt. De varkens vinden de modder niet erg!

Verenigd Koninkrijk De familie van TJ werkt bij een circus dat door het zuidoosten van Engeland rondtrekt. Ze wonen in deze trailer, die ze in de Verenigde Staten hebben gekocht. Hij is heel comfortabel ingericht, met een wasmachine en een magnetron.

... Kinderen met rondreizende ouders gaan naar verschillende scholen. Ze krijgen er telkens een rapport.

Rwanda Hier woont Vincent met zijn twee zusjes en zijn broertje. Hun huis, twee vertrekken groot, is gemaakt van in de zon gedroogde stenen. Vincent en zijn familie hebben het huis zelf gebouwd, met hulp van hun buren en vrienden, die een handje hielpen om stenen te maken en het huis te bouwen.

... Als er geen geld is voor dure bouwmaterialen, gebruiken mensen alles wat er beschikbaar is. Deze lemen stenen zijn praktisch in een heet, droog klimaat, want ze houden het huis koel.

Mahasin

Nomadische veehoeders zoals Mahasin en haar familie wonen niet op één plek, maar trekken rond om vers gras voor hun vee te zoeken. Ze gebruiken de melk van hun koeien om boter te maken, die ze verkopen. Rondtrekken is een avontuur en Mahasin houdt van haar manier van leven.

VERPLAATSBAAR HUIS
Het huis van de familie is gemaakt van gevlochten takken en stokken. Twee keer per jaar, wanneer de groep zich verplaatst, wordt de hut afgebroken en het bouwmateriaal wordt met kamelen en ossen vervoerd, zodat de hut ergens anders kan worden herbouwd.

'Ik, mijn moeder en mijn zussen slapen in de familiehut. De mannen van de familie slapen in een open hut, waar ze het vee in de gaten kunnen houden.'

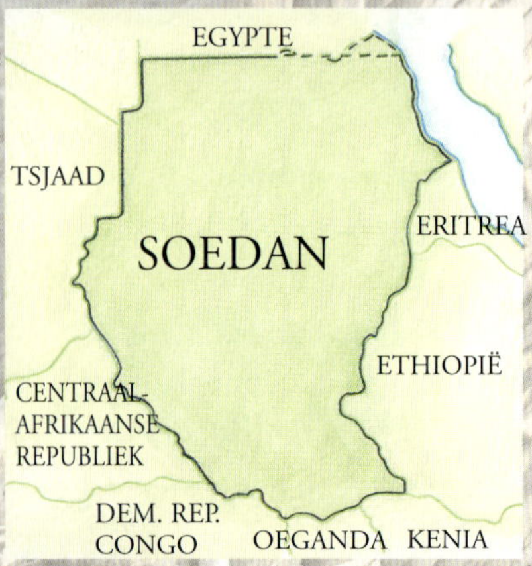

Soedan

Het landschap van Soedan bestaat uit woestijnen in het noorden, tropische wouden en grasvlakten in het zuiden en moerassen in het midden. Het is het grootste land van Afrika.

NOMADISCH LEVEN
De familie van Mahasin verhuist voortdurend om gras en water voor hun vee te zoeken. Alle persoonlijke spulletjes van Mahasin moeten in een kleine koffer kunnen.

'Ik vind het leven het mooist als we rondtrekken. Overal waar we met ons vee komen, behandelen de mensen ons met respect en vaak helpen ze ons. We kunnen gaan en staan waar we willen.'

BASISVOEDSEL
Mahasin vindt het leuk om haar moeder en haar zusjes te helpen bij het koken en schoonmaken. Het basisvoedsel van de familie wordt asida genoemd. Het is een gerecht van groenten en graan, gemengd met kruiden.

Mahasin helpt haar moeder bij de afwas.

RONDREIZENDE SCHOOL
Mahasin gaat naar een speciale school voor kinderen van nomaden. De school telt zo'n vijftig kinderen, maar door het voortdurende rondtrekken zijn er steeds andere leerlingen.

'We leren Arabisch, godsdienst en aardrijkskunde. Onze leraar heet Fadul Osman. Hij reist altijd met ons mee. Hij hoort bij ons.'

MANDEN VLECHTEN
Wanneer Mahasin niet studeert, helpt ze haar familie om voor het vee te zorgen en manden te vlechten die de familie kan gebruiken.

Het halssnoer van Mahasin wordt een *khannakh* genoemd.

HINKELEN IN DE WOESTIJN
Mahasi en haar vriendinnen spelen een oud spel, *arikkia.*

Nadin

Nadin en haar familie wonen in een vluchtelingenkamp op de westelijke Jordaanoever, dat wordt geleid door de Verenigde Naties. Haar familie is na de Arabisch-Israëlische oorlog in 1948 gevlucht uit hun geboortedorp Malha in Palestina.

EEN FAMILIEHUIS

Nadin, haar ouders, haar twee zusjes en een broertje wonen allemaal op de benedenverdieping van het huis. Nadins grootouders, een oom en een tante en hun kinderen wonen op de bovenverdieping.

'Mijn familie woont al meer dan 53 jaar in het kamp, sinds het in 1949 werd geopend. Mijn grootmoeder was zes toen ze vanuit Malha hierheen verhuisde.'

SPELEN

Er zijn weinig plekken in het kamp waar meisjes kunnen spelen; daarom speelt Nadin binnen of op straat voor het huis.

Palestijns Bezet Gebied

Het Palestijns Bezet Gebied bestaat uit twee gescheiden delen – de Westoever en de Gazastrook. Israël bezette het land tijdens de oorlog van 1967.

BEDTIJD

Nadin slaapt op dezelfde kamer als de acht jaar oude Wafa. De rest van het gezin slaapt in de huiskamer.

'Ik hou van mijn zusje Wafa, ook al hebben we vaak ruzie omdat ze zo druk praat. Ze wil beroemd worden en op tv komen.'

Nadin, haar zus Wafa en haar broer Mohammed

FAMILIEBANDEN

Nadin kan heel goed opschieten met haar hele familie. Omdat ze de oudste is, helpt ze haar moeder door op haar jongere zusje Hala te passen, die pas twee jaar is.

'We eten een populair Palestijns gerecht, musakhan. Het wordt gemaakt van brood, uien, kip en kruiden die samen worden gebakken.'

Musakhan

Olijven

NIET ZO ANDERS

Palestijns eten is ongeveer hetzelfde als dat in andere landen in de regio, zoals Jordanië, Israël, Turkije, Griekenland, Iran en Irak.

'Mijn grootste wens is teruggaan naar Malha, waar we vandaan komen. En ik wens ook vrede tussen Israëli's en Palestijnen.'

THUIS HELPEN

Als ze thuiskomt uit school, helpt Nadin haar moeder met dingen zoals de vloer vegen en de meubels afstoffen.

Elk kind verdient een gezond leven

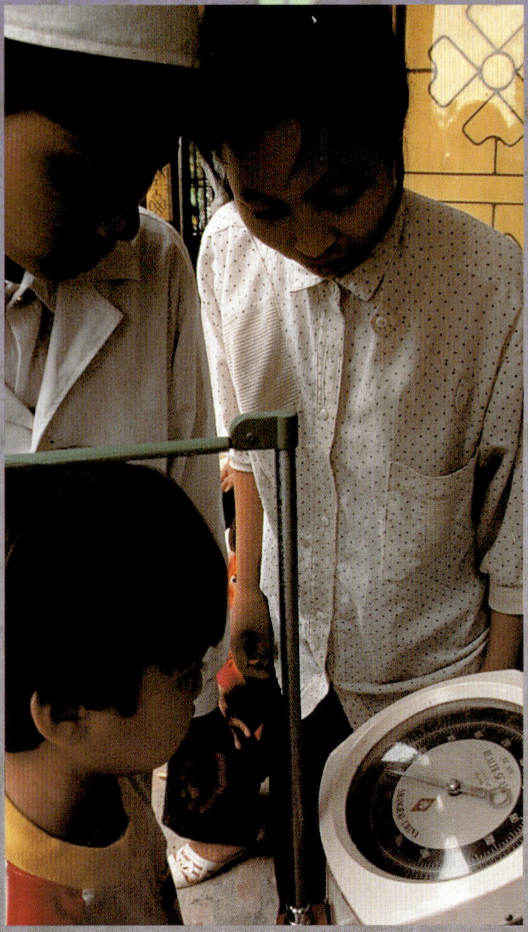

sterke botten, gaaf gebit,

Gezond blijven

Het beste is niet ziek worden.

Inentingen kunnen ons beschermen tegen sommige ziektes. Goede hygiëne en gezond eten kunnen ons helpen andere ziektes te voorkomen. Maar soms worden mensen toch ziek. Als dat gebeurt, hebben ze misschien hulp nodig van dokters, medicijnen en ziekenhuizen om weer beter te worden.

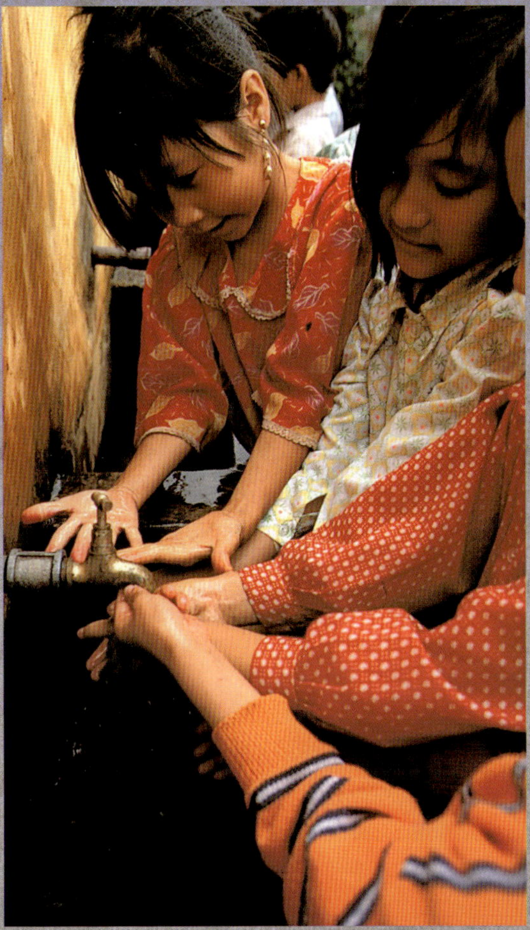

fit zijn, hygiëne, inentingen

Wat heb je nodig om gezond te blijven?

Een goede gezondheid is je kostbaarste bezit.

- **Om gezond te blijven** heb je goed voedsel en veilig water nodig, een plek om je te wassen en naar het toilet te gaan, inentingen, gezondheidszorg en een manier om je afval veilig kwijt te raken.

- **Als je ziek wordt,** moet je naar iemand toe kunnen, een dokter of een verpleegkundige of een gezondheidszorger, die je kan helpen om beter te worden.

Meer dan 1 miljard mensen kunnen geen beroep doen op gezondheidszorg.

- Elke minuut sterft er één kind aan de mazelen. Jij bent waarschijnlijk tegen deze ziekte ingeënt.
- Je bent waarschijnlijk ingeënt tegen een paar makkelijk te voorkomen kinderziektes.
- In Afghanistan kunnen de meeste mensen geen beroep doen op een dokter of een verpleegkundige.
- In China leidt de regering mensen in afgelegen dorpen op om geneeskundige basisverzorging te geven.
- Kinderen sterven aan allerlei ziektes. Er sterven elke dag 40.000 kinderen onder de vijf jaar.

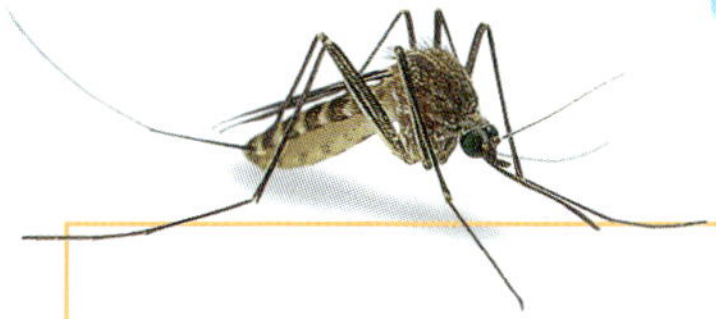

Enkele van de dodelijkste ziektes ter wereld kunnen makkelijk voorkomen worden.

- **Malaria** wordt veroorzaakt door muskieten. Elk jaar worden er 500 miljoen mensen door getroffen. Toch kan de ziekte voorkomen worden door onder een muskietennet te slapen en broedplaatsen van muskieten op te ruimen.
- **Ondervoeding** treft 150 miljoen kinderen. Ze verzwakken en hebben geen weerstand meer tegen ziektes. Ondervoeding kan voorkomen worden door genoeg gezond voedsel en basisgezondheidszorg.
- **Diarree** leidt tot uitdroging, iets waaraan elk jaar meer dan 1 miljoen kinderen sterven. Dit kan worden voorkomen door de beschikbaarheid van schoon voedsel en water. Iemand kan genezen worden met een pakje zout dat uitdroging tegengaat.
- **Mazelen** doden zelden gezonde kinderen. Toch sterven er in ontwikkelingslanden bijna 1 miljoen kinderen per jaar aan. Dit kan voorkomen worden door een vaccinatie van 10 eurocent per dosis.

De aidstragedie

In Afrika onder de Sahara zijn miljoenen kinderen wees geworden door aids. Veel andere kinderen kunnen niet meer naar school doordat hun leraren sterven aan deze ziekte.

Als je ziek wordt, hoe lang moet je dan wachten voordat er een dokter komt?

50 procent van de kinderen in Afrika niet.

34 miljoen kinderen jammer genoeg niet.

De meeste mensen in Italië wel.

Ze worden blotevoetendokters genoemd.

De doodsoorzaak is ondervoeding.

Gezondheid voor leven

Gezondheidszorg is heel belangrijk in de eerste levensjaren, wanneer kinderen snel groeien en aan veel ziektes blootstaan. Gezonde kinderen hebben een veel betere kans om gezonde volwassenen te worden.

Angola Een meisje met een ontsteking aan de luchtwegen wordt in een ziekenhuis in de hoofdstad Luanda onderzocht door een dokter. Na de jarenlange gevechten in Angola kan de regering, geholpen door Unicef, eindelijk het basisonderwijs en de gezondheidszorg verbeteren.

Alle kinderen moeten regelmatig een gezondheidscontrole krijgen om er zeker van te zijn dat alles goed is en er geen problemen ontstaan.

India Een meisje draagt glimlachend een aarden kruik met water naar haar huis in Tamil Nadu. Vervuild drinkwater is de oorzaak van veel onnodige sterfgevallen, vooral bij baby's en jonge kinderen.

... In zulke kruiken blijft water vers en koel, maar een veilige waterleiding zou voor iedereen veel handiger zijn.

Bangladesh Dit meisje van twee heeft alle reden om te glimlachen terwijl ze in schoon badwater poedelt. Het badwater in haar plastic badje komt uit een nieuwe handpomp.

... Als je je in een rivier of meer wast of naar het toilet gaat, wordt het water onveilig om te drinken.

Zambia Fruit en groenten zijn rijk aan vitaminen en mineralen die ons helpen ons te herstellen van ziektes en zelfs voorkomen dát we ziek worden. Verschillende voedingsmiddelen bevatten verschillende voedingsstoffen; een evenwichtig dieet is dus belangrijk.

... Ons lichaam kan de meeste vitaminen niet opslaan; om gezond te blijven, moeten we daarom elke dag vers voedsel eten.

China Een meisje neemt een poliovaccin in in een door Unicef geholpen kliniek. Door zoveel mogelijk kinderen te vaccineren, hopen de Wereldgezondheidsorganisatie, Unicef en andere partners de wereld in 2005 van polio te hebben bevrijd.

... Het poliovaccin is snel en makkelijk in te nemen. Het kind slikt het medicijn gewoon door! Maar om helemaal zeker te zijn moet je het vier keer innemen.

Natalie

Natalie lijdt aan eczeem en astma, een ziekte die de luchtwegen, waardoorheen lucht naar en uit haar longen gaat, aantast. De ziekte is ongeneeslijk, maar gelukkig kan Natalie haar ziekte in de hand houden en een heel actief leven leiden.

Eczeem

Veel mensen met astma hebben last van een huidaandoening die eczeem heet. Natalie moet uitkijken waar haar huid mee in aanraking komt. Van sommige dingen krijgt ze zweren.

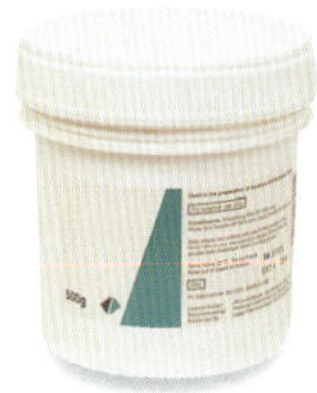

Eczeem-zalf

'Ik moet mijn huid elke ochtend en elke avond insmeren. Als ik eenmaal begin te krabben, kan ik niet meer ophouden en mijn huid bloedt gauw en raakt ontstoken.'

Verenigd Koninkrijk

De fabrieken en het verkeer in ontwikkelde landen zoals het Verenigd Koninkrijk veroorzaken vervuiling. Dat kan problemen geven voor astmapatiënten. Een op de acht kinderen in het Verenigd Koninkrijk lijdt aan astma.

Sport

Lichaamsbeweging kan bij sommige astmapatiënten tot een aanval leiden, maar bij Natalie is dat gelukkig niet zo. Ze heeft zelfs gemerkt dat haar borst sterker is geworden door veel sport, waardoor ze minder vaak verkouden is en minder astma-aanvallen heeft.

AANLEIDINGEN

Natalie mag niet veel zacht speelgoed hebben en ze kan niet tegen huisdieren en wol omdat het stof hiervan een astma-aanval kan veroorzaken. Om diezelfde reden zijn er geen tapijten of gordijnen in haar huis.

DIEET

Natalie heeft een voedselallergie, dus ze moet oppassen met wat ze eet. Van melk, kaas en eieren kan ze erg ziek worden.

Kaas

Melk

Ei

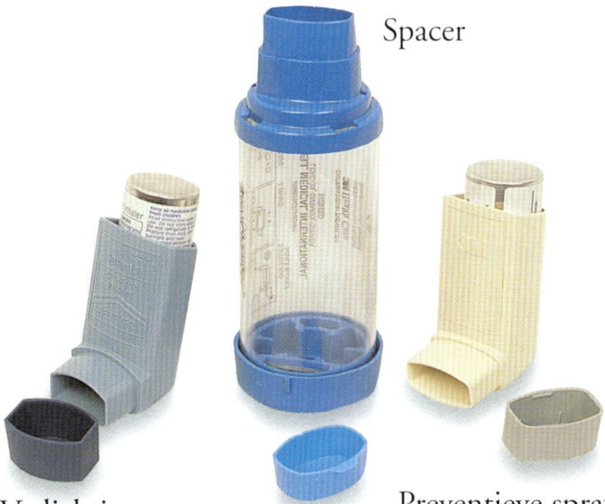

Spacer

Verlichtingsspray

Preventieve spray

INHALEERDER

Natalie verzorgt haar astma met twee inhaleerders. Ze moet elke dag haar preventieve spray gebruiken om haar luchtwegen te kalmeren. Haar verlichtingsspray opent haar luchtwegen als ze een aanval krijgt.

'Als ik een astma-aanval heb, krijg ik het afschuwelijk benauwd. Soms blijf ik maar hoesten. Dan gebruik ik mijn verlichtingsspray, zodat ik makkelijker kan ademen.'

Schaatsen

'Op woensdag doe ik gymnastiek, donderdags zwem ik, vrijdags doe ik aan korfballen en zaterdags ga ik schaatsen. Skeeleren vind ik ook leuk en ik doe het zo vaak ik kan.'

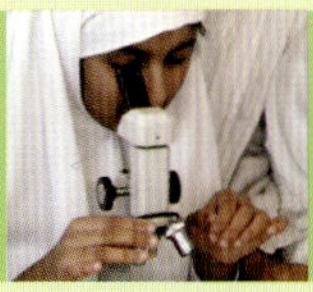

2. Ontwikkeling

Elk kind heeft recht op

onderwijs.

Onderwijs moet kinderen helpen om hun persoonlijkheid, hun talenten en vaardigheden te ontwikkelen. Het moet hun ook respect voor anderen bijbrengen.

Ontwikkeling - zelfstandig naamwoord; ontwikkelen - werkwoord 1 mogelijkheden ontplooien. 2 groeien. 3 rijpen of evolueren.

Elk kind hoort tijd en een veilige plek te hebben om te **spelen.** Alle kinderen hebben recht op privacy als ze even op zichzelf willen zijn.

Elk kind heeft recht op onderwijs

rekenvaardigheid, lezen en schrijven, stimulering,

Schoolregels!

Mensen leren voortdurend.

Op school leer je vaardigheden zoals lezen, schrijven en rekenen. Je ontwikkelt er ook je persoonlijkheid, je talenten en vermogen. En net zo belangrijk: je leert er rechten en plichten, zodat je anderen kunt respecteren en vreedzaam met hen kunt samenleven.

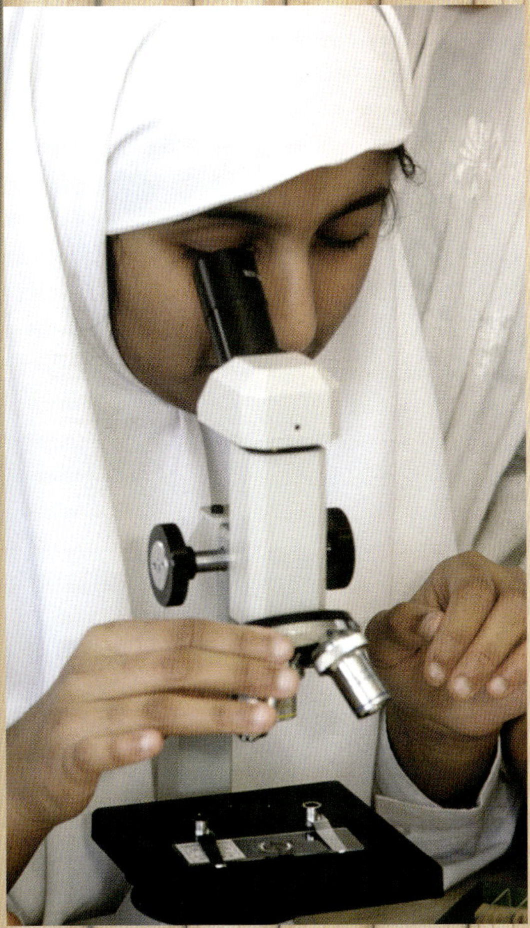

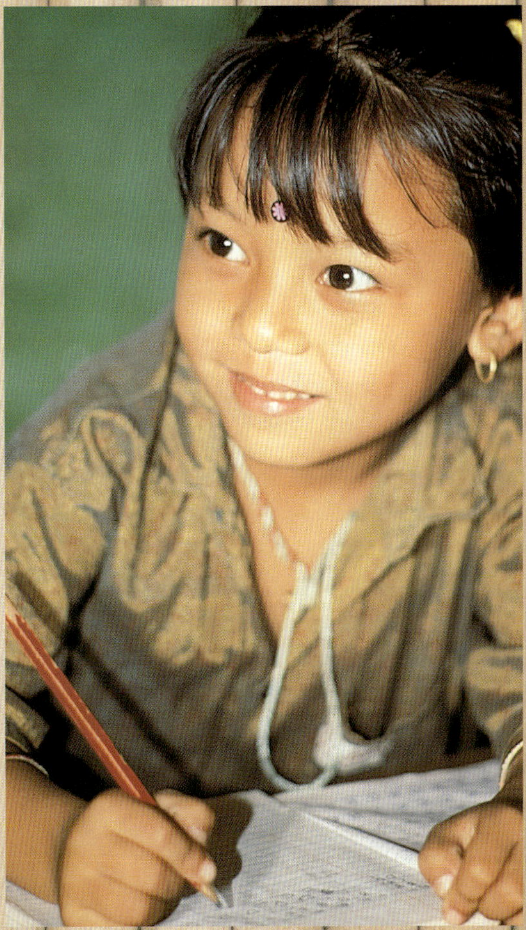

vaardigheden, informatie, ideeën

Waarom hebben we onderwijs nodig?

Wens jij weleens dat je niet naar school hoeft? Miljoenen kinderen overal ter wereld kunnen nooit naar school. Meer dan de helft van hen zijn meisjes.

- **Als je niet kunt lezen of schrijven of eenvoudige sommen maken,** is het moeilijk om een goede baan te vinden en mensen kunnen misbruik van je maken. Zonder onderwijs is het heel moeilijk om aan armoede te ontsnappen. Kinderen die naar school gaan, krijgen een betere baan als ze ouder zijn, ze leven langer en zijn gezonder.

- **School is meer dan lezen, schrijven en rekenen.** School is een plaats waar je leert over zelfrespect en waardigheid en wat je rechten zijn. School is ook de plaats waar we leren hoe we gezond kunnen blijven en ziektes kunnen voorkomen.

Waarom lopen meisjes achter op jongens?

- Een op de vier meisjes die hele dagen naar school zouden moeten gaan, doen dat niet.
- In Afrika ten zuiden van de Sahara krijgt ongeveer 40 procent van de meisjes geen onderwijs.
- In sommige streken vinden de mensen dat meisjes geen onderwijs nodig hebben.
- Sommige meisjes worden thuis gehouden om in huis te helpen of op de familieboerderij of het familiebedrijf te helpen.
- Ouders die geen geld hebben om al hun kinderen naar school te sturen, sturen vaak alleen de jongens.

Een op de zeven mensen kan deze zin niet lezen of schrijven.

Waarom is er niet voor iedereen onderwijs?

- Sommige kinderen wonen ergens waar geen scholen of leraren zijn. In sommige gebieden zijn geen scholen of niet genoeg goede leraren. Soms zijn er wel scholen, maar dan kunnen ze geen kinderen met een handicap of speciale behoeften opvangen.

- Sommige kinderen moeten werken om hun gezin te onderhouden. Er zijn ouders die niet voor al hun kinderen een opleiding kunnen betalen en dan moeten de andere kinderen werken om geld binnen te brengen. Het kan dus zo zijn dat in één gezin sommige kinderen naar school gaan en andere niet.

- Sommige ouders kunnen geen schoolgeld betalen. Niet in alle landen is het onderwijs gratis. En zelfs als het dat wel is, kunnen ouders geen boeken, schooluniformen of dingen zoals pennen of schriften betalen.

- Sommige kinderen hebben geen familie die hen helpt. Kinderen die van huis zijn weggelopen of wees zijn, slapen vaak op straat. Ze hebben moeite om in leven te blijven en er zijn er maar weinig die naar school kunnen.

Overal ter wereld beseffen mensen dat onderwijs voor meisjes en vrouwen de sleutel is tot een beter leven.

Onderwijs voor iedereen!

Onderwijs is voor iedereen de sleutel tot een betere toekomst, maar naar school gaan is voor miljoenen kinderen niet gemakkelijk. Overal ter wereld zoeken regeringen, niet-gouvernementele organisaties (ngo's), ouders en kinderen zelf naar middelen om ervoor te zorgen dat kinderen de belangrijke kennis opdoen die ze nodig hebben om hun leven te verbeteren.

Bangladesh Tot voor kort werkte dit meisje hele dagen in een kledingfabriek. Toen stemde het bedrijf waar ze werkte ermee in geen kinderen meer aan te nemen en in plaats daarvan mee te betalen aan hun schoolgeld. Nu leert ze lezen. Niet-officiële scholen zoals deze bieden werkende kinderen een kans om aan de armoede te ontsnappen.

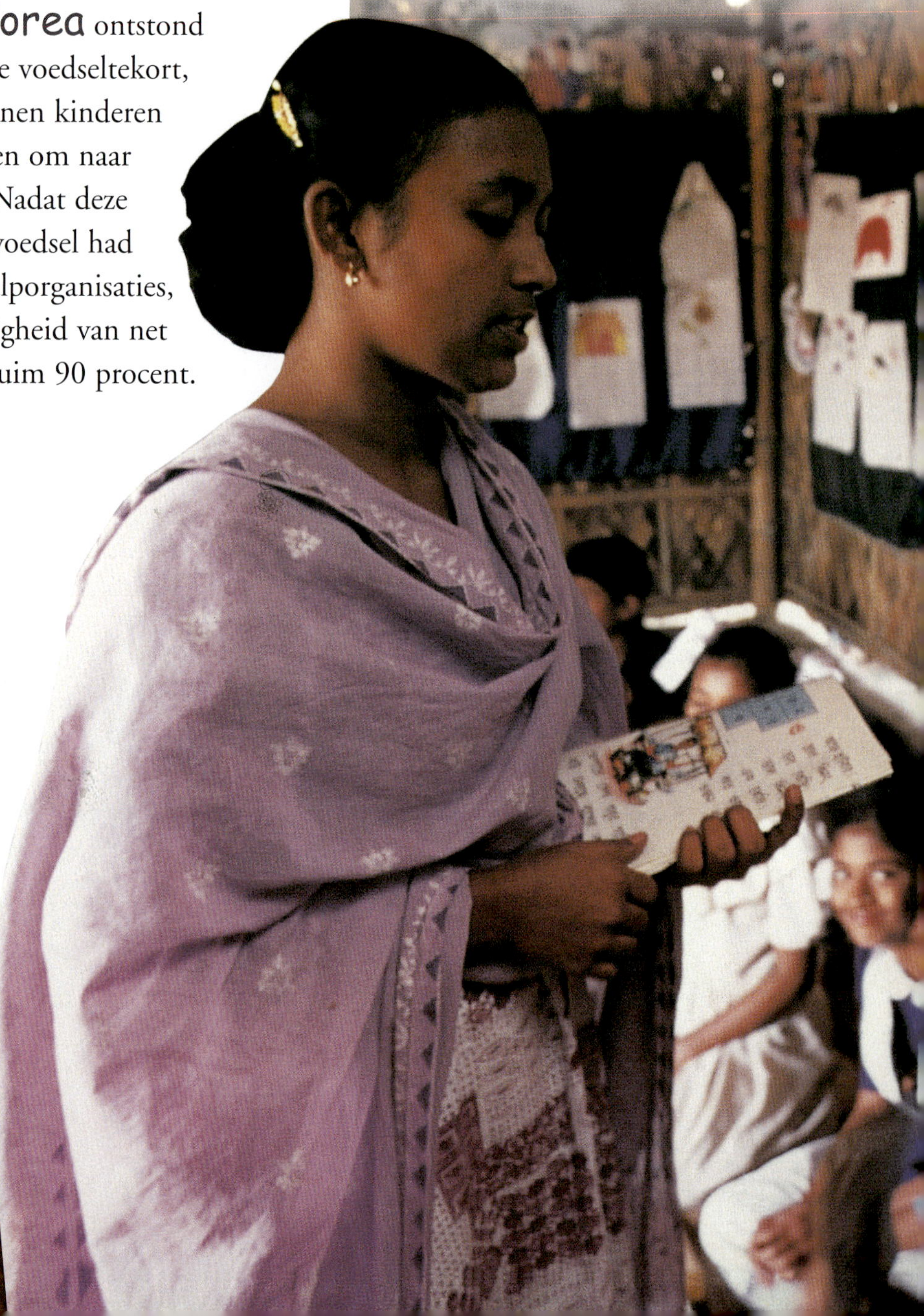

In **Noord-Korea** ontstond door een droogte voedseltekort, waardoor miljoenen kinderen te hongerig waren om naar school te gaan. Nadat deze peuterspeelzaal voedsel had gekregen van hulporganisaties, steeg de aanwezigheid van net 20 procent tot ruim 90 procent.

Je kunt je moeilijk op de lessen concentreren als je maag rammelt!

... Dit meisje heeft geluk gehad. Sommige kinderen moeten werken en kunnen dus niet naar school. Scholen moeten zulke kinderen deeltijdonderwijs geven, zodat ze niet alle lessen hoeven missen.

... Onderwijs is zó belangrijk dat, als een kind niet naar school kan gaan, de school naar het kind moet komen.

Sommige **Australische** kinderen in afgelegen gebieden wonen honderden kilometers van de dichtstbijzijnde school. Ze kunnen alleen maar studeren door via een zender/ontvanger met hun leraren te praten en hun huiswerk op te sturen.

Kenia Voor duizenden weeskinderen, zoals de twaalfjarige Thomas, was onderwijs niet meer dan een droom, tot hij een door Unicef ondersteund centrum in Nairobi bezocht. Het centrum geeft onderwijs, adviezen en vaardigheidstraining aan kinderen die op straat leven of werken. Voor deze kinderen is de school meer dan dat – het is een reddingsboei.

School geeft je hoop.

... Thomas toont zijn rekenkunst. Hij heeft sinds zijn tiende op straat geleefd. Onderwijs betekent dat zijn toekomst er zonniger uitziet.

Sbongile

Nog maar een paar jaar geleden had Sbongile niet naar de basisschool van Ellerton in Zuid-Afrika kunnen gaan. De apartheidswetten zorgden er indertijd voor dat blanken en zwarten niet met elkaar in contact kwamen. Die wetten zijn nu afgeschaft.

Uniform
Sbongile draagt op school een witte bloes en een marineblauw-met-wit trainingspak, met daarop het schoolwapen en het woord 'Ellerton'.

Tocht
Ellerton ligt vlak aan zee bij Sea Point, een heel eind van Sbongiles huis. Sbongiles moeder maakt haar om halfvijf wakker, zodat ze om tien voor zes opgepikt kan worden door de schoolbus.

'Een chauffeur haalt zestien kinderen thuis op. Ik ben de eerste die hij ophaalt en daarna de andere kinderen. Om halfacht ben ik op school.'

'Ik neem boeken, potloden en een leesboek mee naar school. Soms ook boterhammen, tonijn en polony (een vleessoort) of kaas en ei met spek. Soms geeft mijn moeder me geld om in de snoepwinkel een koek of een samosa te kopen.'

Zuid-Afrika
Zuid-Afrika ligt op de zuidelijke punt van het Afrikaanse continent. Het land is rijk aan natuurlijke bronnen zoals steenkool, tin, ijzererts, goud en diamanten.

TALEN

De leerlingen in Ellerton spreken naast Engels en Afrikaans nog minstens zeven andere talen, zoals de Afrikaanse talen Xhosa, Zulu en Sotho.

... 'Er zitten 23 kinderen in mijn klas. Wij hebben geluk, want in sommige andere klassen zitten wel veertig leerlingen. We zitten in groepjes van zes.'

MUURSCHILDERINGEN

De school is versierd met vrolijke muurschilderingen. Sbongile vindt het leuk in Ellerton, maar toen ze er pas was, vond ze de regels wel erg streng.

... 'Op het schoolplein spelen we diefje-met-verlos, maar mijn lievelingsspellen zijn die met een tennisbal, samen met mijn vriendinnen.'

De rekenboeken van Sbongile

Sbongile's tekening

BIJEENKOMST

Eens per week is er een bijeenkomst waar de kinderen het schoollied en het volkslied zingen. Er wordt les gegeven in onder andere Engels, Afrikaans, wiskunde en geschiedenis. Sbongiles lievelingsvak is wiskunde, want daar kun je veel van leren.

... 'Soms bakken we met de klas of maken hapjes. Bij muziekles zingen we. We hebben ook computer-, kunst- en bibliotheeklessen. In de zomer zwemmen we in het schoolzwembad.'

Sbongile en haar vrienden

Maria

Zes jaar lang mochten meisjes in Afghanistan helemaal niet naar school. Nu is alles veranderd. Maria zit op een meisjesschool in Kaboel, geleid door de overheid in samenwerking met UNICEF.

HET LEVEN IN AFGHANISTAN

In 2002 kwam er in Afghanistan een nieuwe regering aan de macht. Sindsdien zijn er scholen en onderwijsmogelijkheden voor vrouwen. Maria had geluk dat er scholen waren waar ze naartoe kon tegen de tijd dat ze er oud genoeg voor was.

'In de tijd dat ik te jong was om naar school te gaan, studeerde ik thuis. Mijn oudere zusje Tamana heeft me leren lezen en schrijven.'

EEN VROEGE START

Maria moet vroeg opstaan om om zeven uur op school te kunnen zijn. Ze draagt een schooluniform, een leuke zwarte tuniek met een broek en een hoofddoekje.

'Het is een half uur lopen van school naar huis. Ik ga samen met twee zusjes. Mijn broers zitten op een andere school.'

Afghanistan

Minder dan een op elke vijf vrouwen (en een op de twee mannen) in Afghanistan kan lezen. Nu, onder een nieuwe regering, kunnen veel meer meisjes onderwijs volgen.

TIJD OM TE LEREN

De meisjes zitten op tapijt tijdens de les. Maria zit naast haar beste vriendin, Hafiza. Ze studeert hard omdat ze graag lerares wil worden.

... "Mijn favoriete vak is *Dari* (Afghaans Perzisch), dat is de taal die wij spreken. Ik vind het gemakkelijk."

PLEZIER MET VRIENDINNEN

Maria speelt met haar vriendinnen en eet daarbij een hapje dat ze van thuis heeft meegebracht. De school van Maria is de enige meisjesschool.

... 'Ik doe graag touwtjespringen in de pauze, maar het leukste van school vind ik voetballen!'

EEN GESCHENK VAN UNICEF

Alle kinderen op de school van Maria hebben een speciale schooltas en boeken gekregen van Unicef.

Schooltas

Schoolboeken

... 'Twee van mijn wensen zijn: een nieuw huis en in Kaboel blijven.'

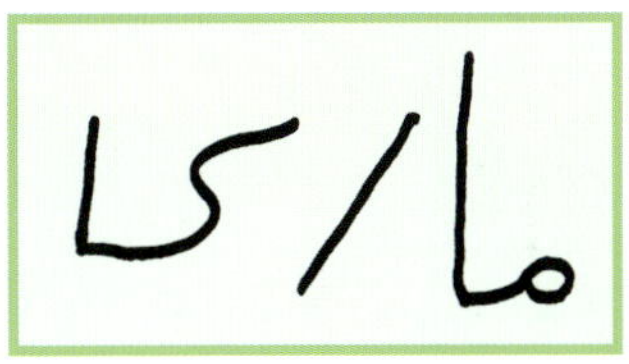

Maria's naam in het Dari.

Elk kind heeft het recht om te

spelen

rennen, springen, bij elkaar komen,

Een serieuze zaak

Spelen is echt heel belangrijk.

Je hebt geen duur speelgoed nodig, alleen een goede fantasie. Kinderen hoeven niet dezelfde taal te spreken om samen te kunnen spelen. Sport maakt je lichaam sterker, teamspellen leren je samenwerken met anderen en spellen waarbij je moet doen alsof doen een beroep op je fantasie.

doen alsof, inbeelden, lachen

Waarom is spelen belangrijk?

Spelen lijkt misschien niet echt belangrijk, maar het is het wel. Door te spelen bereiden kinderen zich voor op de volwassenheid.

- **Door in je eentje te spelen** leer je zelfstandig denken en van je eigen gezelschap genieten.
- **Door met anderen te spelen** leer je omgaan met andere mensen en in een groep werken.
- **Door te spelen** leer je creatief zijn en de wereld om je heen veilig te verkennen.
- **Door te spelen** oefen je je vindingrijkheid en je fantasie.

doen alsof, acteren, zingen,

Veel kinderen krijgen niet de gelegenheid om te spelen.

- Je moet lange dagen **werken.**
- Het is buiten te **vervuild, te smerig of te onveilig.**
- **Het is oorlog** of een oorlog is net voorbij.
- Je hebt geestelijk of emotioneel **geleden.**

Hoeveel verschillende manieren van spelen kun je bedenken?

- Je kunt in je eentje spelen door op je bed te springen, een boek te lezen, je te verkleden of een dagboek bij te houden.
- Je kunt dingen maken door te tekenen of te schilderen, een modelvliegtuig te bouwen, een taart te bakken of een monster te maken.
- Je kunt een hobby hebben zoals stickers of stenen verzamelen, een instrument bespelen, goochelen of voor een dier zorgen.
- Je kunt met anderen spelen op het schoolplein, in het park, bordspellen doen of zelf spelletjes verzinnen.
- Je kunt meedoen aan sport. Teamsporten zoals voetballen of korfballen leren je omgaan met anderen. Gymnastiek, hardlopen en zwemmen leren je zelfvertrouwen. Alle sporten helpen je om fit en gezond te blijven.

Je hebt geen speelgoed nodig om te spelen, maar wel tijd en een plek waar je op jezelf kunt zijn of met je vriendjes.

Volwassenen geen toegang!

Spelen is niet makkelijk als de grote mensen toekijken.

Alle kinderen hebben recht op privacy.

bouwen, verstoppen, zoeken, rennen, schilderen

Daarom is het moeilijk te spelen wanneer:

- Je geen energie hebt omdat je niet genoeg te eten hebt.
- Er binnenshuis te weinig ruimte is om te spelen.
- Je steeds op je jongere broers en zussen moet passen.
- Je lichamelijk ziek bent.

Spelen kan een kliederboel zijn!

Zomaar spelen

Kinderen zijn experts op het gebied van spelen! Binnen of buiten, met of zonder speelgoed, een kind vindt altijd een manier om bezig te zijn en plezier te hebben.

Zuid-Afrika Kinderen spelen op een speelplaats in King William's Town.

Botswana Bij een spel dat *makaroo* wordt genoemd, zit een jongen midden in een kring van stoelen terwijl de anderen om hem heen rennen.

Er zijn spellen die je alleen kunt spelen wanneer er veel anderen zijn om plezier mee te maken. Welke andere spellen ken je waarvoor veel spelers nodig zijn?

Rondrennen is leuk en geeft je een goed gevoel, maar je kunt er doodmoe van worden.

Filippijnen Voor bouwblokken en legpuzzels heb je rust en concentratie nodig. Je kunt er helemaal in opgaan.

... Soms is het leuk om in de buurt van anderen te spelen zonder echt mét ze te spelen. Je kunt ideeën uitwisselen en het toch op je eigen manier doen.

Peru Kijk eens hoe deze jongen zijn hele lichaam gebruikt. Voetbal doe je met je hele persoon, niet alleen met je voeten en een bal!

... Voetballen is waarschijnlijk het populairste spel ter wereld.

Kenia Deze Somali-jongen heeft van papier en karton een speelgoedbus gemaakt. Er was veel tijd en fantasie voor nodig.

... Je kunt spelen door iets te maken en daarna kun je spelen met wat je gemaakt hebt!

Cuba Drie schakende kinderen uit Oekraïne in een kamp dat medische hulp biedt aan kinderen die aan radioactieve straling blootgesteld zijn geweest.

... Een schaakspel kan uren duren doordat de spelers zoveel tijd besteden aan goed nadenken over de zetten die ze willen doen.

Michael

Michael, zijn zusje en hun ouders wonen op een schapen- en runderboerderij in het binnenland van Zuid-Australië. Omdat hij zo ver van een school woont, maakt Michael zijn huiswerk alleen en praat hij via een zender/ontvanger met zijn leraar.

Australië

Het inwoneraantal van Australië is klein in verhouding tot de oppervlakte. Sommige boerengezinnen wonen honderden kilometers van hun buren verwijderd.

DIEREN

Naast runderen en schapen zijn er ook nog andere dieren op de boerderij. Het gezin houdt *chooks* (kippen) vanwege de eieren en eenden vanwege het vlees. Er zijn honden en ook paarden om het vee bijeen te drijven (*mustering*).

'Ik help bij het voeren en water geven van de honden, de chooks, de eenden, de paarden en de koeien. Als ik groot ben, wil ik zelf een veeboerderij hebben en net als papa zijn.'

BUITEN

Michael is heel veel buiten. Hij gaat graag rennen met de honden of fietsen in de omgeving. Twee keer per jaar gaat hij naar een kamp, waar hij leeftijdgenootjes ontmoet.

SCHAPEN

Er zijn 1200 schapen en 550 koeien op de boerderij. Eens per jaar worden de schapen geschoren voor de wol. Zelfs Michael en Rebecca doen daaraan mee, maar het meeste werk wordt gedaan door schapenhoeders.

••• 'Na de lessen praat ik over de radio met mijn vriend Naish. Hij woont op Bulgunnia Station, 630 kilometer verderop.'

Michaels lievelings boek

AUSSIE RULES

Bij Australisch football wordt de bal geschopt, maar de spelers mogen hem ook vangen en ermee rennen. Michael en Rebecca trainen wel, maar ze kunnen geen echte wedstrijd spelen – daar heb je twee teams van achttien spelers voor nodig!

••• 'Het leukste van wonen op het platteland zijn de windmolens, de open vlakten en de zonsondergang. Het minst leuke is dat ik mijn vrienden niet zie.'

Michaels lievelingsbeer

SPEELGOED EN SPELLEN

Michael speelt in zijn eentje met zijn speelgoed – vrachtauto's, tractors en een motorfiets. Hij leest graag het *Outback Magazine* en hij kijkt ook televisie en speelt computerspelletjes.

3. Bescherming

Elk kind heeft recht op iemand die

van hen houdt en voor hen zorgt.

Elk kind heeft recht op bescherming tegen

werk dat hen kwaad kan doen of uitbuit.

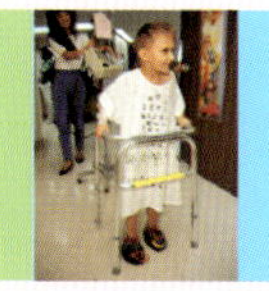

Bescherming - zelfstandig naamwoord; beschermen - werkwoord **1** verdedigen of behoeden tegen aanval, invasie, verlies, belediging enzovoort; bedekken; afschermen voor geweld.

Een **handicap** mag geen enkel kind verhinderen om volledig aan het leven deel te nemen.

Kinderen moeten beschermd worden tegen het vechten en de verwoestingen van een **oorlog.**

Elk kind heeft

liefde en zorg nodig

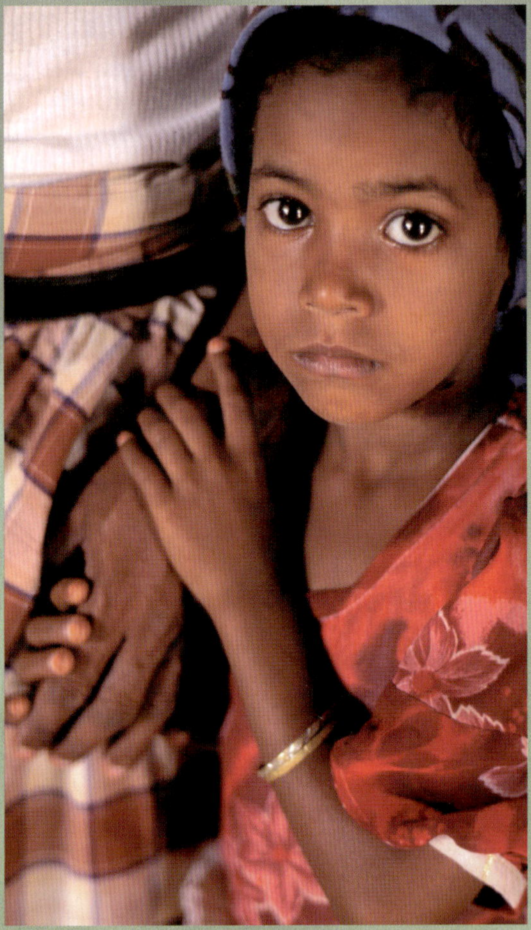

liefde, zorg, omhelzingen, steun,

Iemand om voor je te zorgen

Kinderen hebben de steun van zorgzame volwassenen nodig. Vaak zijn dat de ouders, maar niet altijd. Volwassen verzorgers moeten doen wat het beste is voor het kind. Elk kind heeft een volwassene nodig die naar hem luistert, hem troost wanneer hij gewond of verdrietig is en hem aanspoort om mee te leven met anderen.

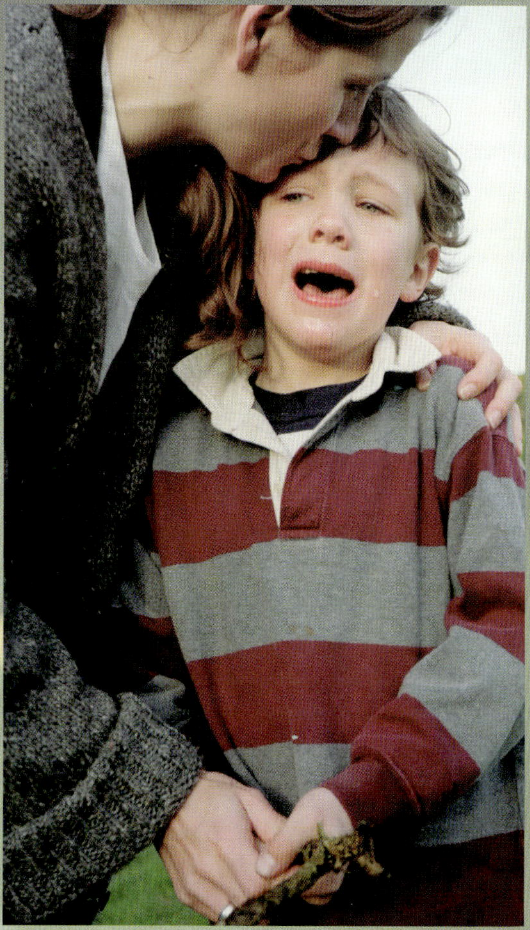

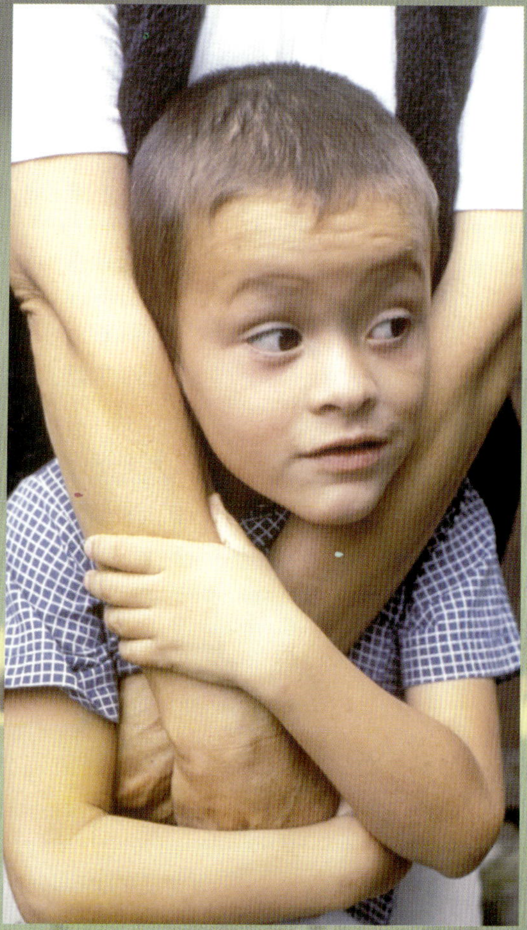

veiligheid, lachen, gezelschap

Wie houdt van je en verzorgt je?

Iedereen heeft iemand nodig die voor hem of haar zorgt.

- **Je deelt niet zomaar** een huis met de mensen met wie je samenwoont – je deelt ook je leven met hen. Ze houden van je en zorgen voor je.
- **Kinderen kunnen wonen** bij moeders, vaders, ooms, tantes, neven, nichten, oudere broers of zussen, grootouders, stiefouders, pleegouders, adoptie-ouders, vrienden of vriendinnen van een ouder of gewoon bij vrienden.
- **Je familie** kan uit slechts één andere persoon bestaan of uit twintig. Ze kunnen jong of oud zijn, man of vrouw – het belangrijkste is dat ze om je geven.

Liefde houdt de wereld draaiend.

Ze maken je eten klaar en zorgen dat je al je groente opeet.

Ze vragen of je huiswerk hebt en proberen je ermee te helpen.

Voordat je kon lezen vertelden ze je verhaaltjes en zongen voor je.

Sommige families kunnen niet voor hun kinderen zorgen vanwege…

- **Armoede** Sommige families lijden armoede en kúnnen gewoonweg niet voor al hun kinderen zorgen. In zo'n geval moet een kind soms het huis uit en werk zoeken.
- **Oorlog** In de jaren negentig werden meer dan 1 miljoen kinderen wees of van hun familie gescheiden door een oorlog. Organisaties zoals Unicef helpen om hen te herenigen.
- **Overlijden** Als ouders sterven, gaan kinderen vaak bij familie wonen. Als er niemand is die voor een weeskind kan zorgen, eindigen ze misschien als daklozen.
- **Mishandeling** thuis is voor sommige kinderen een afschuwelijke werkelijkheid. Jonge slachtoffers van mishandeling lopen soms weg van huis en komen ten slotte op straat terecht.

Wat dan?

De regering zorgt dat deze kinderen worden opgevangen door weeshuizen te stichten of pleeggezinnen of adoptie-ouders te zoeken.

Alleen opgroeien

Meer dan 13 miljoen kinderen onder de 15 jaar hebben een of beide ouders verloren aan aids.

Ten minste 1 miljoen kinderen verloren hun moeder door sterfte in het kraambed.

Miljoenen kinderen leven alleen in de straten overal ter wereld.

Bedenk eens wat je familie voor je doet.

Meestal kopen ze de **kleren** en de **schoenen** die je draagt.

Ze zorgen dat je je kamer **opruimt** en zeggen hoe laat je **naar bed moet!**

Ze proberen je op alle mogelijke manieren te **helpen.**

Familiegevoelens

Net als mensen zijn families er in alle soorten en maten. De leden van een familie zijn vaak aan elkaar verwant, maar dat hoeft niet. Het maakt ook niet uit hoeveel mensen je familie telt, als je elkaar maar steunt en van elkaar houdt.

Burundi Er is verschrikkelijk gevochten in Burundi, waardoor veel kinderen wees zijn geworden. Een vrouw, Maggie, opende een pleegtehuis, waar ze zorgt voor alle kinderen op de foto hieronder.

... Kinderen die tijdelijk geen thuis hebben, wonen soms in een pleegtehuis. Soms keren ze uiteindelijk terug naar huis of ze worden geadopteerd door een nieuwe familie.

Lesotho Deze moeder en haar zoontje wonen in een centrum dat wordt geleid door katholieke zusters. Er wonen meer dan veertig vrouwen, van wie sommigen kinderen hebben. De vrouwen leren allerlei vaardigheden en maken dingen die op de plaatselijke markt worden verkocht.

... Sommige ouders wonen niet meer samen. Hun kinderen wonen gewoonlijk bij hun vader of hun moeder, maar meestal mogen ze de andere ouder bezoeken.

Verenigd Koninkrijk Dit gezin bestaat uit een moeder, een vader en het kind dat ze hebben geadopteerd. Kinderen van wie de ouders dood zijn of niet voor hen kunnen zorgen, worden soms voorgoed geadopteerd door een nieuw gezin. Van mensen die kinderen willen adopteren moet goed worden nagegaan of ze goede ouders zullen zijn.

... Het is heel gewoon dat adoptiekinderen weleens aan hun biologische ouders denken, ook als ze gelukkig zijn bij hun adoptie-ouders.

Pakistan Families waarin enkele generaties bij elkaar wonen zijn in veel landen heel gewoon. Wanneer een Pakistaanse man trouwt, komt zijn vrouw meestal bij hem wonen in het huis van zijn ouders. Hun kinderen groeien op te midden van tantes, ooms, neven en nichten.

... In een grote familie zoals deze heb je nooit een oppas nodig; er is altijd wel iemand om voor de kinderen te zorgen!

China Dit is een klein gezin. Het bestaat uit twee ouders en één kind.

... China is net iets kleiner dan de Verenigde Staten, maar er wonen vier keer meer mensen. Het is een erg dichtbevolkt land.

Finland Het gezin Oikarinen telt twintig kinderen – zes zoons en veertien dochters, in leeftijd uiteenlopend van drie tot 27 jaar.

... Het gemiddelde aantal kinderen in een Fins gezin is 1,8, maar Bertta en Seppo Oikarinen zijn lid van een religieuze beweging die grote gezinnen aanmoedigt.

Ivana

Tot twee jaar geleden woonde Ivana in een instelling voor kinderen en volwassenen. Sommige bewoners hadden een geestelijke handicap of een psychische stoornis, andere waren lichamelijk gehandicapt en weer andere hadden geen handicap. De omstandigheden waren slecht en weinig mensen kregen de zorg die ze nodig hadden.

Joegoslavië

Na jaren oorlog in de Balkan, vrede is teruggekeerd naar Kosovo en het wordt opgebouwd. De meeste bewoners zijn Kosovaarse Albanezen.

KINDERTEHUIS

Toen ze tien was ging Ivana met acht andere kinderen en verzorgend personeel in een splinternieuw kindertehuis wonen.

... 'Ik bleef laat op om te praten en met mijn speelgoed te spelen, samen met mijn kamergenootjes Marina en Jasmina. Dat zijn mijn beste vriendinnen. Ik ben heel gelukkig in mijn nieuwe huis.'

VERZORGERS

Het personeel in het tehuis zorgt als ouders voor de kinderen en geeft hen een heleboel liefde en knuffels.

... 'Ik wil later verpleegkundige worden en baby's heel voorzichtig injecties geven, zodat het geen pijn doet en ze niet hoeven huilen.'

SCHOOL

In de instelling leerde Ivana helemaal niets. Sinds ze in het tehuis woont, gaat ze naar de plaatselijke basisschool.

... 'Ik vind school leuk, maar niet als we te veel huiswerk krijgen en ik geen tijd heb om met mijn vriendinnen in het tehuis te spelen.'

'Al mijn speelgoed is leuk!'

Geen enkel kind mag uitgebuit worden door

werk

vermoeiend, lage lonen, lange dagen,

Werken voor de kost

De meeste volwassenen moeten werken om geld te verdienen. Vele kinderen moeten werken om hun familie te helpen. Als kinderen werken, hebben ze geen tijd voor andere dingen. Werken kan leuk zijn en een belangrijk deel van het volwassen worden, maar werk mag niet schadelijk zijn of de plaats innemen van leren, spelen en tijd hebben om te genieten van je jeugd.

saai, geen vrije tijd, uitbuiting

Waarom werken kinderen?

Meer dan 210 miljoen kinderen tussen de vijf en de veertien jaar werken voor de kost. Meer dan de helft werkt onder gevaarlijke omstandigheden. Kinderen maken vaak lange dagen voor weinig geld en onder slechte omstandigheden.

- De meeste kinderen die hele dagen werken doen dat om hun familie te helpen. Zelfs als kinderen slecht betaald worden, kan hun inkomen een groot verschil maken.
- Kindarbeiders worden beroofd van de eenvoudige genoegens van de jeugd en leiden gedwongen een slavenbestaan.
- Veel bedrijven nemen jonge kinderen in dienst omdat ze die weinig of niets kunnen betalen en makkelijk kunnen uitbuiten.
- Sommig werk is gevaarlijk en kan leiden tot groeistoornissen en ongelukken.
- Sommige deeltijdarbeid kan gerust door kinderen gedaan worden.
- Het is belangrijk het verschil te weten tussen kinderarbeid die kinderen uitbuit en werk dat geen kwaad kan.

Niet alle werk is schadelijk voor kinderen.

Sommige soorten werk kunnen geen kwaad als…

- Je er niet te jong voor bent
- Je kunt stoppen wanneer je maar wilt
- Het je niet belet naar school te gaan of te spelen
- Je een fatsoenlijk loon krijgt
- Het niet gevaarlijk is voor je lichamelijke of geestelijke gezondheid
- Je tijd overhoudt om met je familie door te brengen
- Je fatsoenlijk wordt behandeld en je anders bij iemand kunt beklagen.

Werken is schadelijk als…

- Je er te jong voor bent
- Het om onveilig of schadelijk werk gaat of slechte arbeidsomstandigheden
- Je niet kunt stoppen wanneer je wilt
- Je er niet of nauwelijks voor betaald wordt
- Het je belet om naar school te gaan of de plaats van school inneemt
- Je erdoor wordt gescheiden van je familie
- Je oneerlijk wordt behandeld of misbruikt.

Problemen met kinderarbeid

Sommige soorten kinderarbeid zijn niet acceptabel voor kinderen en zouden nergens getolereerd mogen worden.

Veel kinderen krijgen nooit de kans om gewoon kind te zijn.

Zwaar werk

De meeste landen hebben wetten aangenomen die een grens stellen aan het aantal uren dat kinderen mogen werken en aan de leeftijd waarop ze hele dagen mogen werken. De hoofdreden voor deze wetten is dat kinderen al werk hebben – op school – en dat dat op de eerste plaats komt.

Ecuador Net als één derde van de bevolking van Ecuador werkt Rosita in de landbouw. Hier is ze tarwe aan het oogsten. Dat is heel zwaar werk als het niet met machines, maar met de hand wordt gedaan.

Landarbeid is vaak seizoenswerk. Scholen in landbouwgebieden sluiten vaak in de oogsttijd, zodat kinderen hun familie kunnen helpen om de gewassen binnen te halen.

Mauretanië Mame Diara is wees en ze woont bij haar nichten. Ze doet het grootste deel van het huishoudelijke werk, zoals schoonmaken, koken en de dieren verzorgen.

... Als we aan kinderarbeid denken, vergeten we vaak dat miljoenen kinderen niet op het veld of in een fabriek werken, maar in de huishouding.

Verenigd Koninkrijk
Douglas woont op de boerderij van zijn vader. Als hij niet op school zit, helpt hij een handje. Zijn voornaamste taak is het voeren van de drie herdershonden en de drie andere honden.

... Het werk dat Douglas doet is niet uitbuitend. Kinderen in het Verenigd Koninkrijk mogen een paar uur per dag werken zolang het werk niet schadelijk voor ze is en geen negatieve invloed heeft op hun opleiding.

Irak De tien jaar oude Dana verkoopt snoep op een straat in Erbil. Ondanks zijn lange werkdagen verdient Dana niet veel. Bovendien loopt hij het risico dat hij ziek of beroofd wordt.

... Nog afgezien van het feit dat ze niet naar school gaan, zijn kinderen die op straat werken een makkelijk doelwit voor misdadigers. Zulke kinderen zijn kwetsbaar voor geweld en misbruik.

Arif

Door een speciaal programma heeft Arif, die in een sloppenwijk woont, de kans gekregen om te werken als verslaggever voor een televisieprogramma voor, door en over kinderen. Dit programma, *Mukta Khabor,* heeft Arif in staat gesteld om uit te blinken.

Bangladesh

60 procent van de inwoners van Bangladesh heeft niet genoeg geld om van te leven. Bijna 25 procent van de bevolking is tussen twaalf en zeventien jaar oud.

RIKSJAWERKPLAATS

Zoals veel kinderen in een sloppenwijk werkte Arif en ging hij daarnaast naar school. Het was hard werken voor weinig geld.

'Mijn handen deden heel erg pijn als ik dagenlang riksja's had geschilderd. Nu is alles heel anders.'

Fietsriksja

KINDREPORTER

De jonge ploeg van *Mukta Khabor* doet research, maakt verslagen en runt de redactie volkomen zelfstandig. Ze zijn rolmodellen geworden voor andere jongeren in Bangladesh.

Het logo van Mukta Khabor

SCHILDEREN

Arif ontdekte dat hij aanleg voor kunst had en door zijn werk in de riksjawerkplaats werd hij een goed schilder. Hij schildert nog steeds graag in zijn vrije tijd.

... 'Ik vind het leuk als mensen tegen mijn ouders zeggen dat ze me op tv hebben gezien.'

Arifs werk

... 'Ik verdien vier keer meer dan in mijn vorige baan en ik leer elke dag nieuwe dingen.'

FAMILIE

Arif heeft drie broers – Sharif is negen, Rajiv is zeven en Raju is vier. Arif is blij dat hij zijn familie kan helpen met het geld dat hij bij *Mukta Khabor* verdient.

... 'Als ik president was, zou ik ouders helpen, zodat ze hun kinderen niet meer hoeven laten werken.'

GEMEENSCHAPPELIJKE KEUKEN

Arifs moeder maakt een vismaaltijd klaar in de keuken, die de familie met andere families deelt. Alle leden eten gezamenlijk.

Geen enkel kind mag vechten in een

oorlog

gevaar, verwarring, angst,

Niet voor kinderen

Oorlog is voor veel kinderen een gegeven.

Oorlogen scheuren families uit elkaar en verwoesten samenlevingen. Na een oorlog hebben kinderen hulp nodig om hun leven te hervatten. Kinderen zijn de onschuldigste oorlogsslachtoffers. Soms worden ze zelfs tegen hun wil gedwongen om mee te vechten. Deze kinderen worden beroofd van hun jeugd.

machines, soldaten, verwoesting

Wat gebeurt er in een oorlog?

Geen enkel kind is ooit een oorlog begonnen, maar er vechten en sterven dagelijks kinderen in een oorlog. Geen enkel kind zou een oorlog hoeven meemaken.

- **Normaal leven** is onmogelijk tijdens een oorlog. Samenlevingen vallen uiteen wanneer mensen gedwongen worden hun huis te verlaten en scholen en ziekenhuizen worden verwoest.

- **Families** vallen uiteen door een oorlog. Kinderen worden gescheiden van hun familie. Veel mensen worden gedood of gewond, lichamelijk en emotioneel.

- **De schade** blijft lang nadat de oorlog voorbij is. Kinderen en hun familie moeten hun leven hervatten en opnieuw leren hoe ze normaal moeten leven.

Oorlog is geen spel.

In de jaren negentig stierven er meer dan 2 miljoen kinderen in een oorlog.

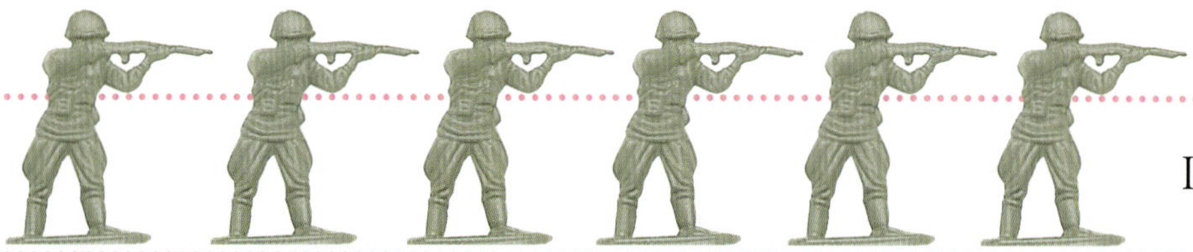

28 miljoen vrouwen en kinderen moesten vluchten.

In meer dan dertig landen woedt een gewapend conflict.

6 miljoen kinderen hebben een oorlogsverwonding.

Kinderen hebben recht op bescherming tegen de gevaren van een oorlog.

Oorlogen doden, maar verwoesten ook het gewone leven op allerlei manieren.

- Oorlog verwoest levens. De meeste van de mensen die in een oorlog worden gedood of gewond, zijn geen soldaten, maar gewone mensen, die niet terug kunnen vechten. Het zijn de vrouwen, kinderen en bejaarden die het ergst lijden.
- Oorlog verwoest de jeugd. Kinderen die afschuwelijke dingen hebben gezien, reageren allemaal anders. Sommige voelen zich depressief of wanhopen aan de toekomst. Andere worden misschien boos of gewelddadig.
- Oorlog verwoest huizen. Tijdens een oorlog worden mensen gedwongen hun huis en hun land te verlaten en worden vluchteling. Vaak komen ze nooit meer terug. Oorlogen hebben miljoenen kinderen dakloos gemaakt.
- Oorlog verwoest het spel. Als een oorlog al lang voorbij is, worden er nog steeds kinderen gewond of gedood door landmijnen die zijn begraven in scholen, op speelplaatsen en in akkers.

Feiten over landmijnen

Er worden elk jaar meer dan tienduizend kinderen gedood of gewond door een landmijn.

Kinderen lopen in meer dan negentig landen gevaar door landmijnen.

Een landmijn maken kost nog geen vijf euro – het vinden en veilig opruimen ervan 1600 euro.

Tijdens een oorlog lijden de onschuldigen.

Miljoenen anderen stierven van honger of aan door de oorlog veroorzaakte ziektes.

Vele van hen keren nooit naar huis terug.

Zo'n 300.000 kinderen vechten in een oorlog.

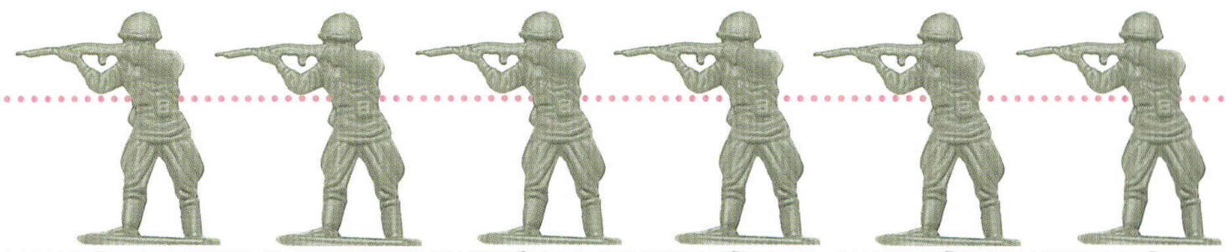

Landmijnen doden of verwonden elke dag bijna dertig kinderen.

Oorlogskinderen hebben hulp nodig om te herstellen

Oorlog en herstel

Oorlog is slecht voor iedereen, maar vooral voor onschuldige kinderen. Welke invloed hebben oorlogen en conflicten op kinderen? En hoe worden kinderen geholpen om zich na afloop van de gevechten te herstellen?

Soedan Tijdens de burgeroorlog werden deze kinderen gedwongen om soldaat te worden. Nu worden ze met vliegtuigen naar doorgangscentra gebracht, waar ze gezondheidszorg, onderwijs en advies zullen krijgen om zich te herstellen van hun ervaringen. Unicef en andere organisaties zullen alles in het werk stellen om hun familie op te sporen. Het is te hopen dat ze gauw weer naar huis zullen kunnen om een normaal leven te leiden.

Met ineengeslagen handen gaan deze voormalige kindsoldaten aan boord van een VN-toestel dat hen naar een beter leven zal brengen.

De oorlog achterlaten Het echte werk begint als de gevechten voorbij zijn. Huizen en samenlevingen worden opnieuw opgebouwd en gezinnen herenigd. Scholen gaan weer open en kinderen beginnen in te halen wat ze gemist hebben.

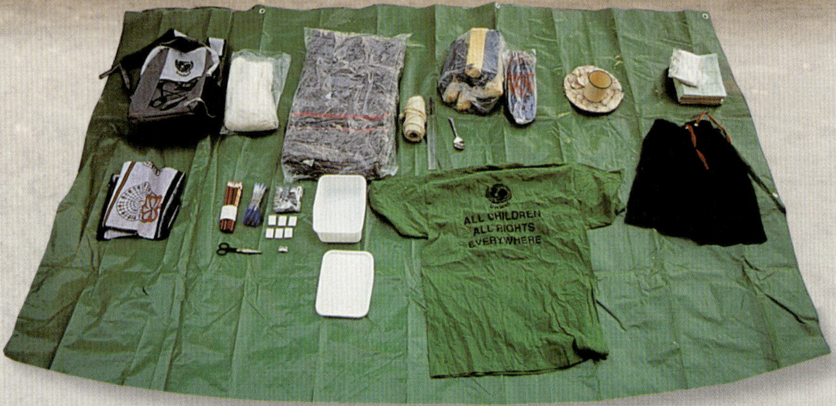

Herstelpakket Een pakket met eiwitrijke biscuits, verband, schoolspullen en een T-shirt met het opschrift 'Alle kinderen. Alle rechten. Overal', bestemd voor voormalige Soedanese kindsoldaten om hen te helpen weer normaal te leven.

Rwanda Deze jongens in Rwanda hebben de oorlog overleefd. Nu krijgen ze steun bij het verwerken van hun oorlogservaringen. Hier, in een traumacentrum dat geleid wordt met steun van Unicef, werken ze met zelfgemaakte geweren en spelen ze dingen na die ze hebben meegemaakt.

... Dit gezin werd tijdens de oorlog gescheiden, maar is met hulp van hulporganisaties herenigd.

Angola De oorlog is voorbij, maar de gevaren loeren dicht onder het oppervlak. Deze man leert kinderen in een vluchtelingenkamp om uit te kijken voor landmijnen. Men schat dat er in Angola nog altijd 10 tot 15 miljoen niet-ontplofte landmijnen liggen en over de hele wereld verspreid maar liefst 50 tot 100 miljoen.

Onschadelijk gemaakte landmijnen

... Landmijnen zijn bijzonder wrede wapens. De meeste verwondingen worden opgelopen door burgers als het conflict al lang voorbij is.

Joegoslavië Een jonge vluchteling uit Kosovo houdt een paraplu op boven zijn moeder, die haar jongere kind op haar arm heeft. Het gezin wacht tot het in een bus kan stappen die hen veilig naar het aangrenzende Albanië zal brengen. Deze vluchtelingen zijn, net als veel andere, in haast van huis vertrokken en hebben de meeste van hun bezittingen achtergelaten.

... In de haast om aan een conflict te ontsnappen worden veel gezinnen verstrooid. Unicef probeert deze kinderen en hun ouders te herenigen.

Namen werden veranderd om de betrokkenen te beschermen.

'Ik hou van voetballen. Als ik geen dokter word, wil ik misschien beroepsvoetballer worden.'

Isa

Tijdens de oorlog in Sierra Leone kwamen er soldaten naar Isa's huis en namen hem mee. Na twee jaar werd hij vrijgelaten, samen met andere in de oorlog verstrikte kinderen. Nu is hij weer thuis.

WEER SAMEN
Een organisatie, Caritas, heeft een jaar lang voor Isa gezorgd. Daarna ging hij terug naar zijn familie. Isa is laatst naar een kerstviering geweest die door Caritas was georganiseerd.

'Ik heb twee broers, T-Boy en Yasuf, en twee zussen, Sally en Kai. Mijn nieuwe zusje, Marie, is nog maar vijf maanden. Ik speel ook met mijn neven Mamoh, Jenebah en Fatu.'

Sierra Leone

De burgeroorlog in Sierra Leone heeft vele slachtoffers geëist. Bijna een op de drie inwoners ontvluchtte hun huis.

SPELEN MET VRIENDEN

Isa heeft geen speelgoed, maar er zijn altijd wel kinderen om mee te spelen.

'Ik dam graag met mijn beste vriend, Brima. Een ander spel dat we spelen heet "balansbal".'

'Balansbal' spelen

OOGSTTIJD

Niemand plant gewassen tijdens een oorlog, want misschien moeten de mensen vluchten voordat het voedsel geoogst kan worden. Nu het vrede is, heeft Isa wat aardnoten geplant.

'Ik zou mijn land graag helpen, want er is veel verwoest dat opnieuw gebouwd moet worden.'

'Ik wil dokter worden.'

TIJD VOOR SCHOOL

Gekleed in zijn schooluniform en een boek lezend maakt Isa een wandeling met zijn vader. Op school leert Isa rekenen, Engels, aardrijkskunde, maatschappijleer en de bijbel.

'Ik heb door de oorlog drie schooljaren verloren. Ik ben nu tien en ik ben heel gelukkig op school. Mijn lievelingsvak is Engels.'

Geen enkel kind mag achtergesteld worden vanwege een

handicap

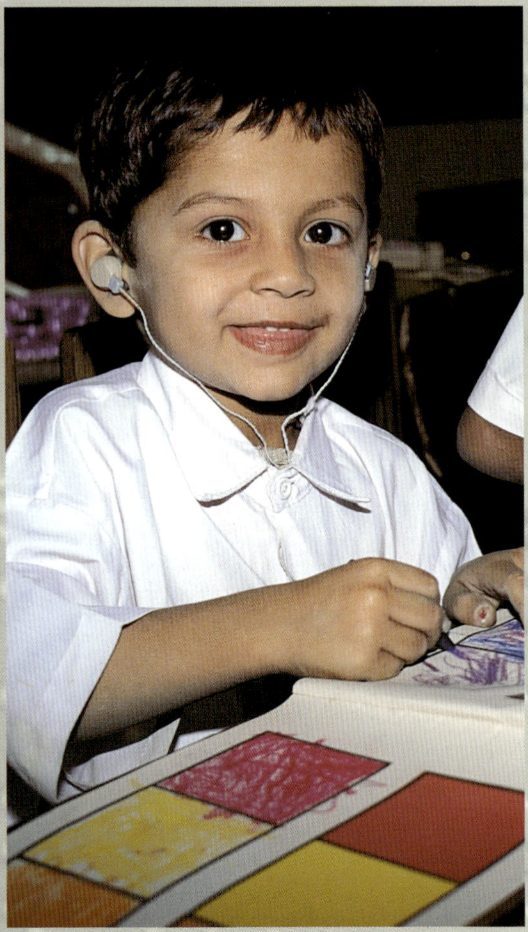

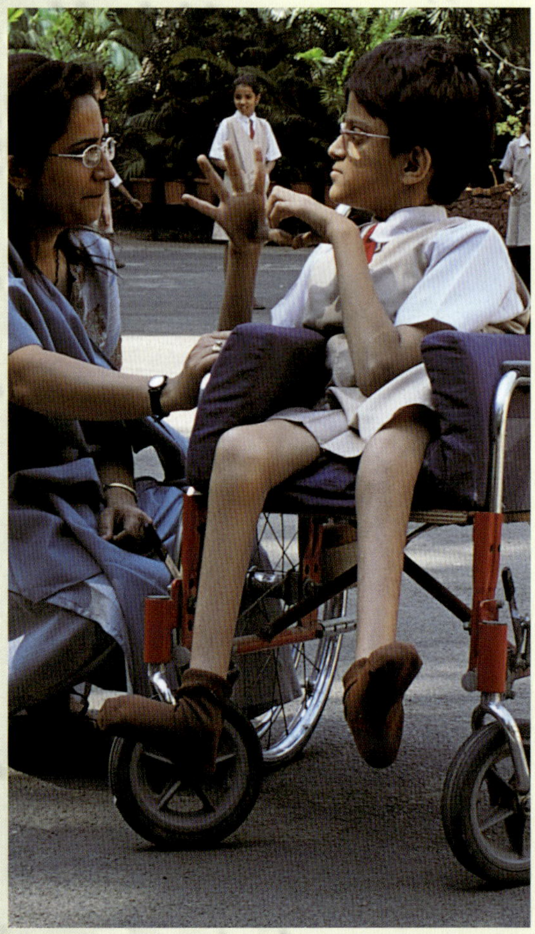

respect, kansen, geduld,

Een goed leven leiden

We verdienen allemaal een kans om zo goed mogelijk te presteren.

Gehandicapte mensen hebben soms wat extra hulp nodig. Hulp begint met begrip en aandacht. We kunnen niet altijd voorkomen dat mensen gehandicapt zijn, maar we kunnen er wel voor zorgen dat gehandicapte mensen dezelfde kansen krijgen als iedereen.

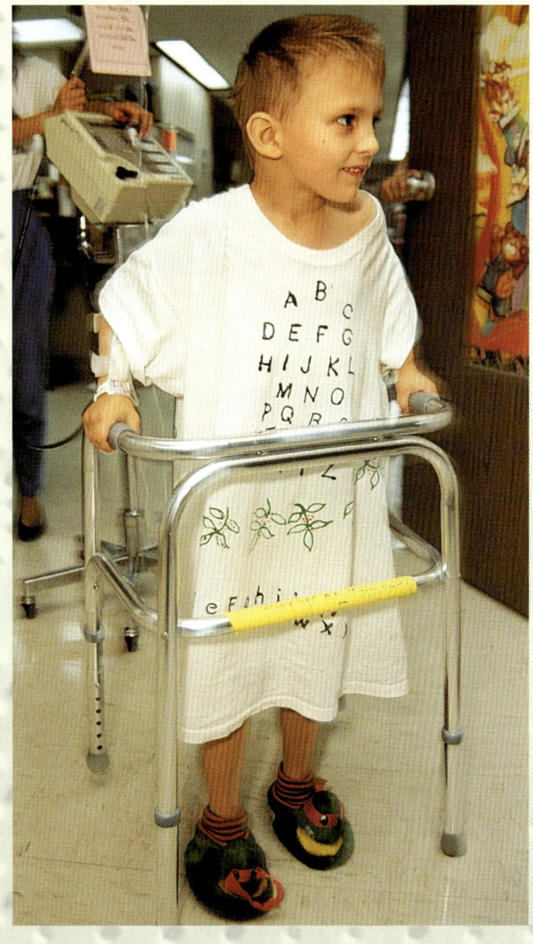

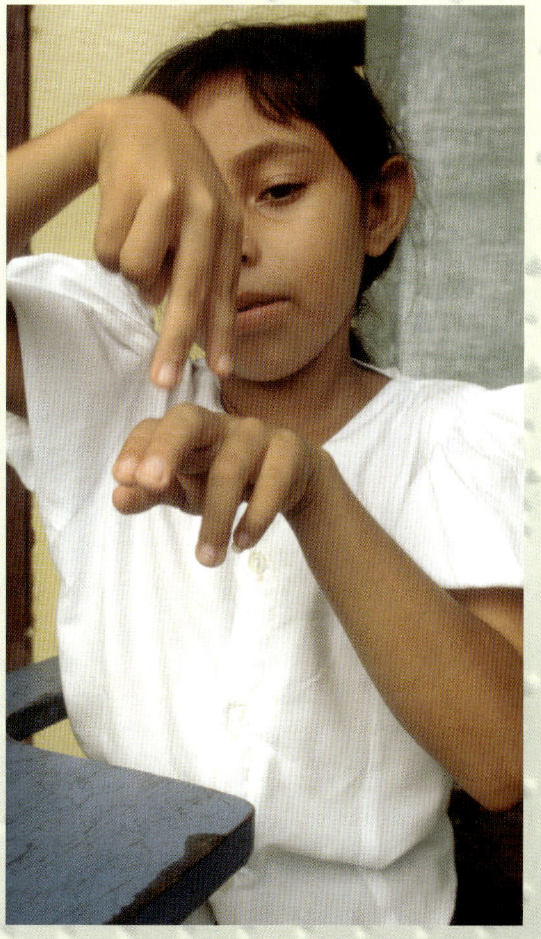

aanmoediging, begrip

Hoe is het leven met een handicap?

Stel je voor dat je probeert je te verplaatsen als je benen niet functioneren of te communiceren als je niet goed hoort of ziet.

- Gehandicapte **kinderen** zijn net als iedereen; het enige verschil is dat sommige lichaamsdelen niet goed functioneren. Gehandicapte kinderen kunnen een gewoon, volledig, fijn leven leiden, zolang ze maar de juiste steun krijgen.

- Het grootste **probleem** waarmee gehandicapte kinderen te maken hebben is dat mensen hun behoeften niet begrijpen. Gehandicapte kinderen laten praten en luisteren naar wat ze te zeggen hebben is de beste manier om hen te helpen.

Een handicap kan een beetje invloed hebben op je leven.

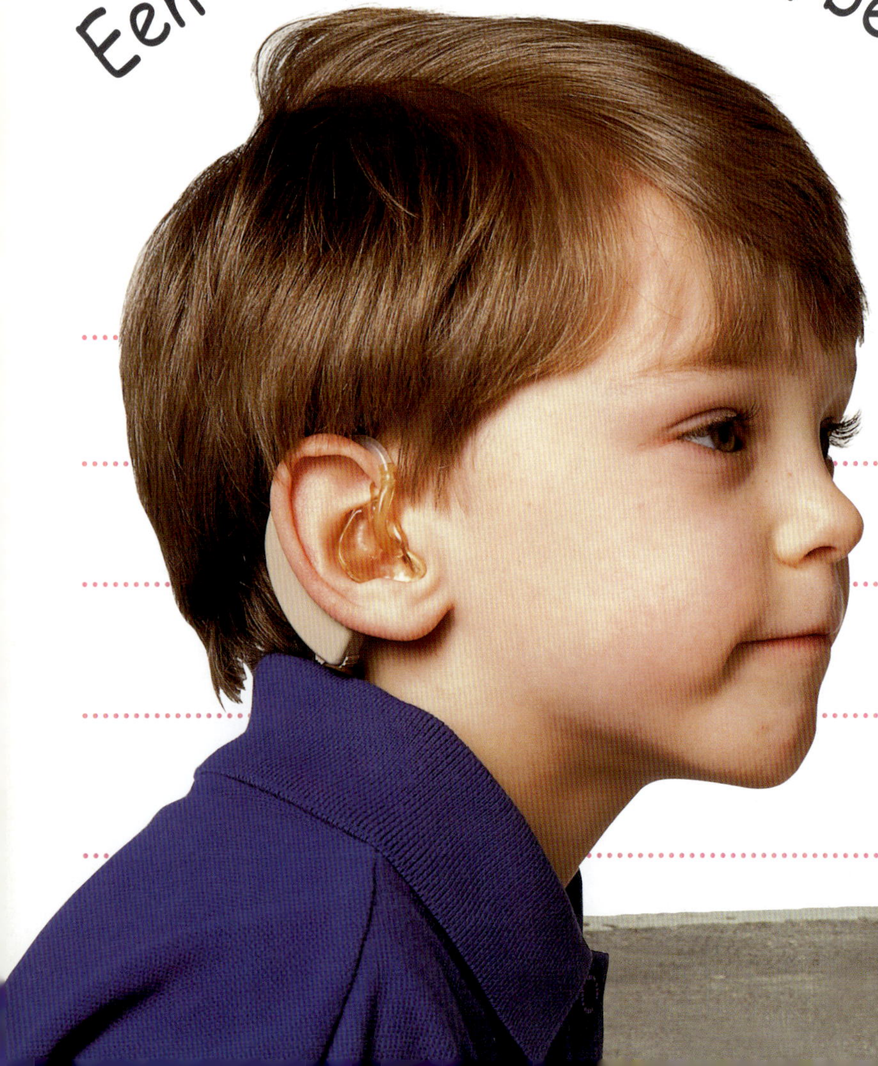

- Soms hebben gehandicapte kinderen hulpmiddelen nodig.
- Training en scholing kunnen gehandicapte mensen helpen.
- Operaties en medicijnen verlichten sommige handicaps.
- Gehandicapte mensen willen normaal behandeld worden.

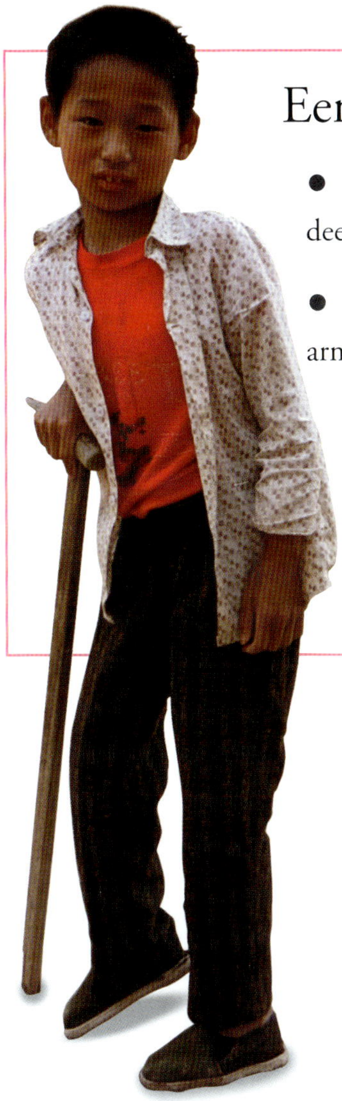

Een handicap kan van alles zijn. Bijvoorbeeld:

- Lichamelijk – een probleem met een deel van je lichaam.
- Geestelijk – sommige handicaps maken nadenken moeilijk.
- Zichtbaar – zoals een ontbrekende arm of been of niet kunnen lopen.
- Onzichtbaar – zoals doofheid of woordblindheid.

Een handicap kan op vele manieren ontstaan.

- Sommige kinderen worden gehandicapt geboren. Sommige kinderen raken gehandicapt door een ongeluk.
- Sommige kinderen raken gehandicapt door een oorlog. Sommige kinderen raken gehandicapt door een ziekte.

Hoe je kunt helpen

Wees altijd geduldig en begrijpend tegenover mensen die extra hulp nodig hebben.

Bied aan om iemand met een handicap te helpen.

Maak je nooit vrolijk over iemand met een handicap.

Kinderen met een handicap mogen niet gediscrimineerd worden. Ze moeten gelijke behandeling, scholing en werk krijgen en de kans om een normaal leven te leiden.

Of ze kan je leven heel sterk beïnvloeden.

Ze gebruiken bijvoorbeeld een hoorapparaat of kunstledematen.

Blinde mensen kunnen een geleidehond leren gebruiken.

Een operatie kan een verminkt lichaamsdeel herstellen.

Leven met een handicap

Een handicap betekent niet altijd dat je niet kunt zien, praten, horen of lopen – soms kost het alleen maar wat meer moeite. Dokters kunnen een handicap soms verlichten, maar de meeste gehandicapte mensen redden zich door vindingrijk te zijn en andere manieren te vinden om iets te doen. Net als iedereen vinden ze het prettig als mensen attent voor hen zijn.

Cuba Julia was twee jaar toen ze een infectie kreeg die tot een oogziekte leidde. Ze was al bijna blind toen een operatie in de *Orbis*-oogkliniek haar gezichtsvermogen redde. Dat is een heel ongewone kliniek, want hij bevindt zich aan boord van een vliegtuig.

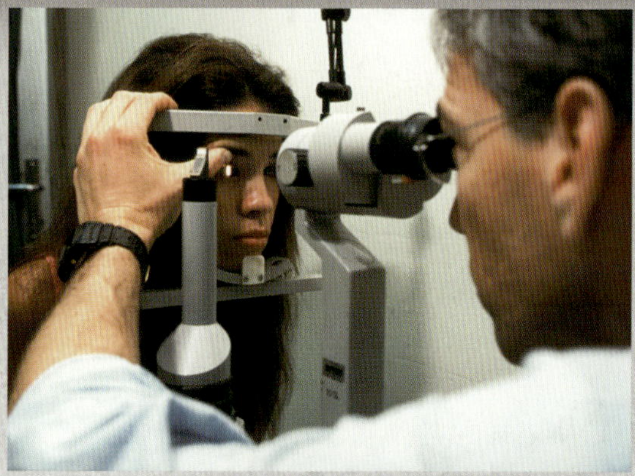

Het vliegtuig reist rond met een groep vrijwilligers die arts zijn. In elk land voeren ze operaties uit terwijl zo'n vijftig andere dokters mogen toekijken. Op die manier leren die dokters hoe ze dezelfde levensreddende operaties kunnen uitvoeren.

Jamaica

Dit meisje kan niet lopen, maar dat wil niet zeggen dat ze hulp nodig heeft om zich te verplaatsen. Door de metalen stangen aan de rugleuning van haar rolstoel kan ze zich met haar armen voortbewegen.

... Als er een probleem is met een lichaamsdeel, kan een ander deel het vaak overnemen.

Roemenië

Voor een spiegel zittend oefent een spraaktherapeut in een peuterspeelzaal samen met een kind. Er zijn veel verschillende oorzaken waardoor kinderen moeilijk praten. Misschien zijn ze hardhorend of kunnen ze de spieren die verantwoordelijk zijn voor de spraak niet goed beheersen of misschien is het deel van hun hersenen dat voor de spraak zorgt beschadigd.

... Met hulp en aanmoediging kunnen kinderen die moeite hebben om duidelijk te praten of helemaal niet kunnen praten, hun taalvaardigheid verbeteren en meer zelfvertrouwen krijgen.

Nicaragua

Dove mensen kunnen gebarentaal leren om met elkaar te communiceren. Gebarentaal verschilt per land.

... Dove mensen kunnen ook leren liplezen. Door naar iemands mond te kijken, zien ze welke woorden hij of zij zegt.

Joegoslavië

Burim uit Kosovo verloor zijn benen bij een ongeluk, maar hij leert opnieuw lopen met kunstbenen en een loopwagentje. Hij hoopt dat hij uiteindelijk zonder hulp op zijn nieuwe benen zal kunnen lopen.

... Lichamelijk gehandicapte mensen kunnen meedoen aan en uitblinken in sport. De beste gehandicapte atleten strijden met elkaar tijdens de Paralympische Spelen.

CJ

Toen CJ, in Atlanta in de Amerikaanse staat Georgia, vijf jaar was, werd hij door een auto omvergereden. Hij moest opnieuw leren lopen, praten en zelfs eten. Ondanks enkele geestelijke handicaps is CJ nu een enthousiast voetballer.

FAMILIESTEUN
De familie van CJ is trots op zijn sportieve vaardigheden. Ze komen hem altijd aanmoedigen als hij ergens een voetbalwedstrijd speelt.

'CJ heeft heel veel overwonnen om zover te komen. Hij laat zich door niets weerhouden. Hij is een bijzonder kind.'
– De moeder van CJ

HERSTEL
De ouders van CJ hadden te horen gekregen dat hij hen niet zou herkennen als hij uit coma kwam, maar hij herkende hen meteen.

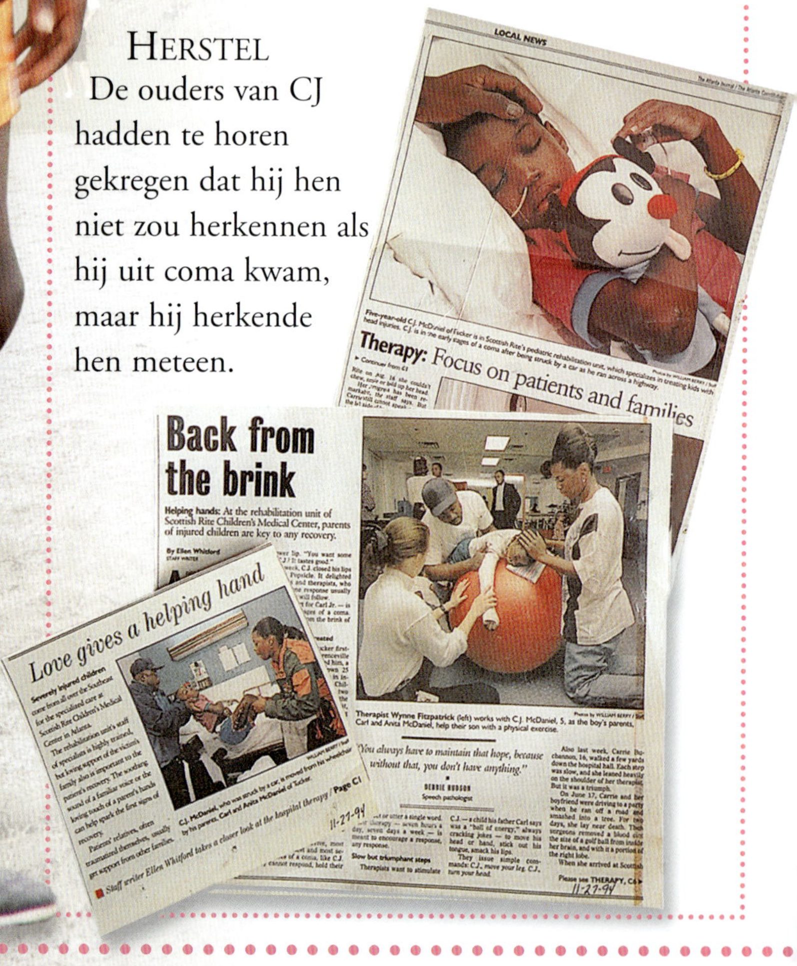
LOCAL NEWS

Therapy: Focus on patients and families

Back from the brink

Love gives a helping hand

Verenigde Staten

De Verenigde Staten van Amerika zijn het op twee na grootste land ter wereld, zowel wat het oppervlak als het inwoneraantal betreft.

SPECIAL OLYMPICS

CJ voetbalt in de Special Olympics, die overal ter wereld sportevenementen organiseert voor mensen met een geestelijke handicap.

... 'Onze voetbalploeg heet de Trickum Tigers. Ik verdedig graag en ik krijg graag de kans om de bal te schoppen.'

VOETBALFANS

Voetbal is in de VS niet zo populair als andere sporten, maar er zijn nog altijd veel mensen die voetballen. In 1994 werd er zelfs het wereldkampioenschap gehouden.

... 'Mijn ploeg telt acht kinderen. We trainen elke ochtend. We spelen toernooien tegen andere ploegen.'

De voetbalschoenen van CJ

KIJKEN NAAR DE TOEKOMST

CJ is goed hersteld van zijn ongeluk, maar hij krijgt therapie in het plaatselijke ziekenhuis en therapielessen op school.

... 'Ik wil brandweerman worden, zodat ik mensen kan helpen als hun huis in brand staat.'

SPORTTROFEEËN

CJ heeft de afgelopen jaren trofeeën gewonnen voor voetbal, maar ook voor honkbal, basketbal en bowlen.

4. Participatie

Elk kind heeft recht op een **identiteit**,

zoals een naam, een nationaliteit en een religie.

Participatie - zelfstandig naamwoord; participeren - werkwoord 1 deelnemen of delen met anderen. 2 een samenwerkingsverband met anderen. 3 voordelen delen

Elk kind heeft recht op vrijheid van **expressie.**

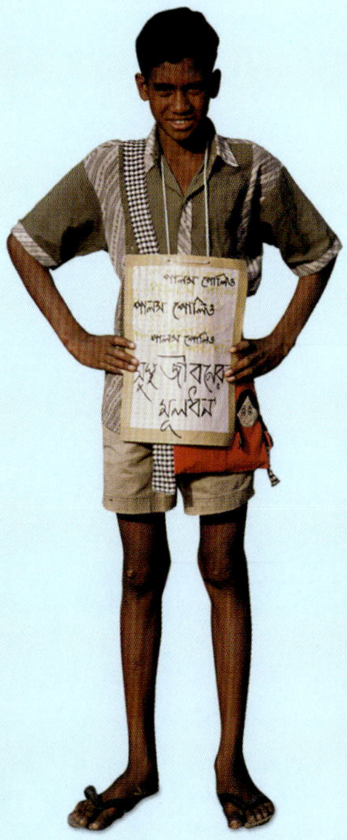

Een goed **leven,** waarin alle mogelijkheden worden benut, is het recht van ieder kind.

Elk kind heeft recht op een

identiteit

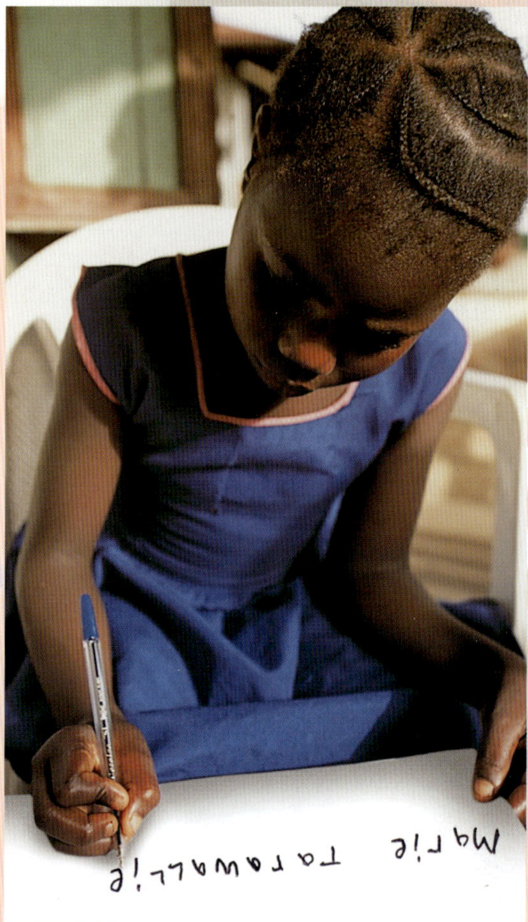

naam, nationaliteit, religie,

Wie ben ik?

Iedereen moet bij een groep horen.

Sommige kinderen worden van een groep uitgesloten omdat ze geen naam of geen nationaliteit hebben. Als je een naam hebt, een nationaliteit en het recht om je godsdienst uit te oefenen, kun je volledig participeren in het leven van je land en je groep.

familie, cultuur, groep

Wie ben je?

Hoe heet je? Waar kom je vandaan? Welke godsdienst belijd je? Niemand zou je je identiteit moeten kunnen afpakken.

Je **naam** is speciaal. Wat betekent ze voor je?

- **Je naam** betekent misschien iets in de taal die je spreekt of in een taal die deel is van je religie of cultuur.
- **Je naam** verbindt je met de leden van je familie en je groep, zowel de levenden als de overledenen.
- **Je naam** is misschien voor je gekozen door iemand in je familie of door een leider van je groep.
- **Je naam** is een deel van je. De mensen zouden je moeten respecteren door de moeite te nemen je bij de juiste naam te noemen.

De mensen zouden **vrij** moeten zijn

Er zijn veel verschillende godsdiensten – zoals christendom, islam, jodendom, hindoeïsme en boeddhisme.

Elke godsdienst heeft haar eigen leer – joden hebben de thora, hindoes hebben de veda's, moslims hebben de koran.

Elke godsdienst heeft andere feestdagen – moslims vieren het suikerfeest, boeddhisten wesakdag.

Elke godsdienst heeft haar eigen heilige plaatsen – boeddhisten hebben Lhasa, sikhs hebben Amritsar, moslims hebben Mekka.

Elke godsdienst heeft een andere eredienst – sommige gebruiken de stilte, andere gesproken of gezongen gebeden.

Iedereen is ergens geboren; waarom heeft dan niet iedereen een nationaliteit?

- Soms worden kinderen na de geboorte niet geregistreerd omdat hun ouders niet naar de overheidsgebouwen durven.
- Soms ontnemen regeringen bepaalde mensen in hun land hun nationaliteit. Vaak wordt dat veroorzaakt door een oorlog en vaak leidt het tot oorlog.
- Soms worden kinderen door een oorlog tot vluchteling. Dan moeten ze misschien in een ander land gaan wonen, waar ze geen nationaliteit hebben.
- Soms onthouden regeringen mensen die bij een bepaalde etnische groep behoren een nationaliteit.

Wat kunnen regeringen doen?

Alle kinderen zoeken die niet geregistreerd zijn en ze een nationaliteit geven.
Iedereen die in hun land geboren is erkennen als burger.
Alle vluchtelingen helpen om naar huis terug te keren.

om elke godsdienst uit te oefenen

Andere godsdiensten zijn sikhisme, rastafarianisme, zoroastrianisme, bahái, jainisme en nog vele andere.

Christenen hebben de bijbel, sikhs hebben de guru granth sahib, boeddhisten hebben de thripitaka.

Hindoes vieren Diwali, christenen vieren Kerstmis, sikhs vieren Baisakhi, joden vieren Peschar.

Christenen, joden en moslims hebben Jeruzalem, hindoes hebben Varanasi, rooms-katholieken hebben Rome.

Sommige godsdiensten gebruiken dansen, andere meditatie, weer andere speciale voedingsmiddelen, andere kaarsen.

Wat zegt een naam?

Je naam is een belangrijk deel van je identiteit. Ze is een deel van wie je bent en een van de manieren waarop anderen je kennen. Kun je je voorstellen hoe je leven zou zijn als je geen naam had? De namen van kinderen zijn bijzonder voor hen en voor hun ouders. Wat betekent jouw naam?

'Bilal is een voorname naam, de naam van de eerste persoon die de oproep tot het gebed uitsprak.'

Bilals ouders wilden een naam die zijn moslimreligie weerspiegelde. Daarom noemden ze hem Bilal, naar een gezel van de profeet Mohammed.

Jasleen en **Ravina** zijn vriendinnen. Hun namen zijn afkomstig uit het Punjabi. Jasleen betekent 'goddelijke prinses' en Ravena betekent 'sterke, vrije geest'.

'Mijn ouders kozen de naam Ravina voor me omdat ze verwachtten dat ik sterk zou zijn, met een vrije geest en een vrij karakter. Ze noemden me ook naar een beroemde rivier, de Ravi.'

Paul De naam Paul betekende oorspronkelijk 'klein'. Het is ook de naam van een van de eerste volgelingen van Jezus Christus.

'Mijn naam betekent niets speciaals voor mijn ouders. Ze vonden hem gewoon leuk klinken.'

Junique In de familie van Junique betekent haar naam 'heel bijzonder'.

'Mijn vader vond me uniek en dus zette hij er een J voor om Junique te vormen. Mijn ouders waren het eens over mijn naam.'

'Mijn ouders vonden Mark leuk klinken en daarom noemden ze me zo.'

Marcus, waar de naam Mark vandaan komt, was een heel belangrijke persoon in het christendom. Hij schreef een van de bijbelboeken.

Meena betekent 'prinses'. Haar ouders noemden haar Meena omdat ze heel bijzonder was, net als een prinses.

'Ik vind mijn naam leuk. Ik voel me er bijzonder door.'

Meegan is een oud Engels woord dat 'sterk' betekent. Meegans tweede voornaam is Timothea, dat 'God erend' betekent.

'Ik ben trots op mijn naam. Mijn ouders willen graag dat ik de betekenis ervan waarmaak.'

Teresa De naam Teresa klinkt in het Chinees hetzelfde als het woord voor 'gelukkig'.

'Mijn moeder noemde me Teresa omdat ze heel gelukkig was toen ik werd geboren.'

Haresh is een Hindi-naam. Het eerste deel, 'Har', betekent God.

'Toen ik een paar maanden oud was, gingen mijn ouders naar de tempel en de priester koos de letter H; daarom gaven mijn ouders me een naam die met een H begint.'

Nationaliteit

Alle naties en alle volken zijn uniek en bijzonder. Een nationaliteit bezitten betekent dat je de bescherming en de voordelen van een land geniet. Het betekent ook dat je een cultuur en een geschiedenis deelt met de andere mensen in je land.

Bangladesh is een jong land: het scheidde zich af van Pakistan en werd in 1971 na een lange burgeroorlog onafhankelijk. Tegenwoordig is Bangladesh een bruisend land.

Kinderen doen mee aan de 'Zeg ja voor kinderen'-campagne in hun land. De campagne wil steun zoeken voor een beleid dat het leven van kinderen verbetert en beschermt.

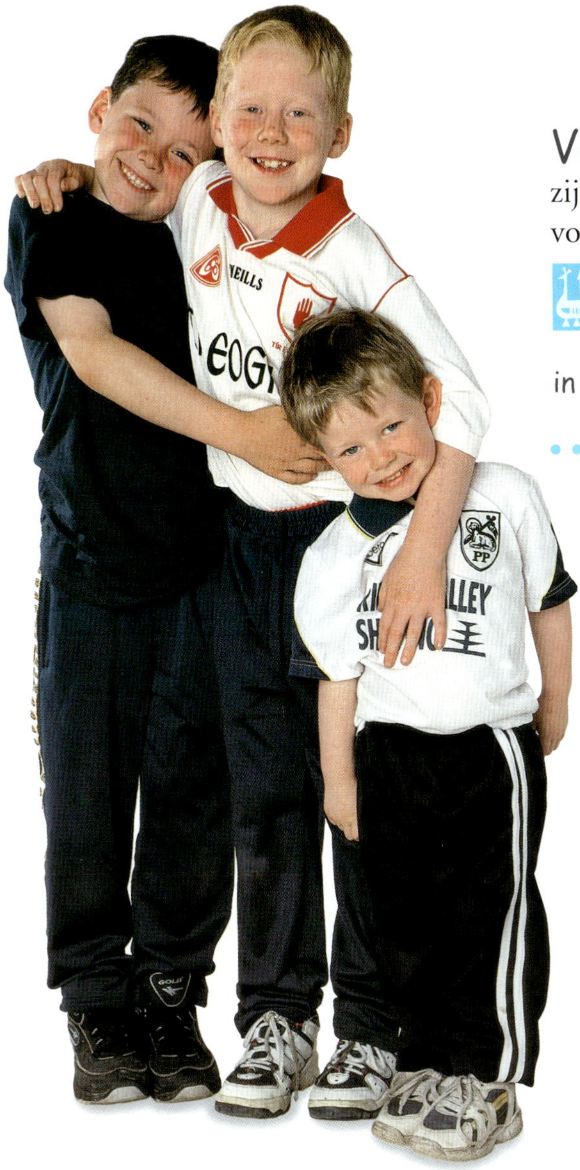

Verenigd Koninkrijk

Stephen, Ruairi en Connell in Noord-Ierland zijn trots op hun Ierse cultuur en ze zijn supporter van de plaatselijke Gaelic-voetbalclub.

Gaelic voetbal is een oude Ierse sport waarbij teams een bal in of over een net proberen te stompen, kaatsen of schoppen.

Peru

De meeste mensen in Peru zijn Zuid-Amerikaanse indianen, afstammelingen van de Inca's, die vroeger over Peru heersten.

In de bergen van Peru wonen miljoenen indianen die nog steeds de plaatselijke taal, Quecha, spreken en een traditionele levenswijze bewaren.

Spanje

Uxue woont in Santander, de hoofdstad van een provincie in Noord-Spanje, Cantabrië. Dat ligt dicht bij de noordelijke provincies van het Baskenland, waar de mensen een volstrekt unieke taal en cultuur hebben.

Het noorden van Spanje is heel anders dan het zuiden. Cantabrië is bergachtiger en minder zonnig. Het is mooi.

Zuid-Afrika

In Zuid-Afrika wonen vele verschillende volken. Zuid-Afrika is het land van allerlei lokale etnische groepen en van mensen van wie de ouders en grootouders uit Europa en India kwamen.

Zuid-Afrika kent elf officiële talen. Er zijn negen Afrikaanse talen, plus Afrikaans en Engels, in de 19de eeuw ingevoerd door de Nederlandse en Britse kolonisten.

Najaha en Abdisukri

Najaha en Abdisukri zijn broer en zus. Hun familie is als vluchteling van Somalië naar Nederland gekomen. Ze beschouwen zichzelf als Somalische kinderen die in Nederland wonen.

Wennen in een nieuw land

Op school spelen Najaha en Abdisukri met kinderen uit allerlei landen. Omdat ze nog jong waren toen ze Somalië verlieten, vonden ze het niet moeilijk zich aan het leven in Nederland aan te passen.

'Ik hou van Nederland, maar niet van het weer. Het regent hier altijd en het is te koud!'

Familiefoto's van Abdisukri en Najaha

Nederland

Het Nederlandse volk heeft een lange geschiedenis van het opvangen van vluchtelingen en mensen in nood.

Twee talen

Abdisukri en Najaha spreken Somalisch wanneer ze thuis zijn bij hun familie, maar meestal spreken ze Nederlands.

VOETBALPRET
Abdisukri voetbalt bij een bekende voetbalclub vlak bij zijn huis, Willem II.

... 'Later wil ik beroepsvoetballer worden bij Willem II, net als mijn favoriete voetballer, Jatto Ceesay, die uit Gambia komt.'

Een bord met koranverzen

DAGELIJKS GEBED
De familie van Abdisukri en Najaha is islamitisch. Het hele gezin bidt vijf keer per dag. Ze gaan ook samen naar de moskee, waar ze sommige van hun vrienden ontmoeten.

Abdisukri's voetbaltrofee

... 'Ik hou van voetballen. Mijn coach noemt me Abdi en hij zegt dat hij heel trots op me is.'

SCHOOLTIJD
Najaha vindt rekenen, lezen en verhalen schrijven erg leuk – en naar een pretpark gaan! Leren is belangrijk voor Najaha, want ze wil later rechten studeren.

... 'Ik heb geen beste vriendinnen. Al mijn vriendinnen zijn mijn beste vriendinnen.'

Najaha's schoolboeken

'Ons lievelingseten zijn samosas.'

LIEVELINGSETEN
Thuis eet het gezin Somalisch voedsel. Samosas zijn pannenkoeken, gevuld met vlees en groenten.

Godsdienst

Elke godsdienst betekent iets heel speciaals voor de mensen die haar belijden. Daarom is het belangrijk dat niemand wordt belet om een godsdienst of geloof aan te hangen.

Joodse *thora*-rol en aanwijzer

Tibetaanse boeddhistische gebedsmolen

Zuid-Korea

Met de ogen dicht om zich beter te kunnen concentreren bidden deze kinderen tijdens de zondagsschool in een kerk van een pinkstergemeente.

Ongeveer de helft van de mensen in Zuid-Korea zijn christenen en de helft boeddhisten.

Myanmar

Tijdens de shinbyu-plechtigheid treden jongens tijdelijk in een boeddhistisch klooster. Als ze ouder zijn, kiezen ze er misschien voor om monnik te worden.

Verenigde Staten

Deze meisjes zingen in een gospelkerkkoor. Gospelmuziek is heel levendig. De zangers klappen en wiegen heen en weer terwijl ze zingen omdat ze zo blij zijn dat ze God loven.

Gospelmuziek is ontstaan uit de liederen die Afrikanen als slaven mee naar Amerika hebben gebracht en tijdens het werk zongen.

Christelijk kruis

Islamitische tegel

Nishan *sahib-symbool* van de sikhs

Ganesj, een hindoegod

India Tijdens een overgangsritueel krijgen jonge jongens een heilig hemd en een draad, die ze hun hele leven moeten meedragen. Deze jongen is volledig lid geworden van de (zoroastrische) Parsi-gemeenschap.

De jongens kleden zich als prinsen in de tijd van de eerste boeddhistische priesters, meer dan tweeduizend jaar geleden. Het is een dag van trots voor hun ouders.

De heilige draad, de kusti, wordt drie keer om het middel geslagen. Ze symboliseert drie belangrijke dingen om te onthouden – goede gedachten, goede daden en goede woorden.

Een nieuw leven

Eli's familie was al twee jaar bezig met het voorbereiden van de verhuis naar Israël. Eli was een beetje bang, maar ook wel benieuwd naar zijn nieuwe leven.

Eli

Eli is vanuit Oezbekistan in de voormalige Sovjet-Unie naar Israël verhuisd. Zijn familie is joods, maar voordat hij in Israël ging wonen, wist Eli weinig over het joodse geloof of de joodse gewoonten.

Israël

Joden van over heel de wereld kiezen voor Israël als thuis, maar ook mensen met een ander geloof.

Yemin Orde

Vele van Eli's klasgenoten wonen in het jongerendorp Yemin Orde omdat ze zonder hun ouders naar Israël zijn gekomen. Op school leren ze over het judaïsme en nemen ze buiten de lesuren deel aan joodse activiteiten. Elke zaterdag vieren ze *shabbat*, de joodse sabbat.

'Mijn school heet Yemin Orde. Ik ben ernaartoe gegaan om meer over joods-zijn te leren.'

VERSCHILLENDE ACHTERGRONDEN

De kinderen in Yemin Orde komen uit meer dan twintig landen, zoals Ethiopië, Rusland en de voormalige Sovjet-Unie, Brazilië, Mexico, Colombia, Slowakije, Bosnië, Roemenië, Marokko, India, Frankrijk, Italië, Groot-Brittannië, Martinique en Israël!

... 'Het is heel interessant om kinderen uit zoveel landen le leren kennen. We zijn allemaal joods, maar we hebben verschillende tradities, die we in Yemin Orde met elkaar delen.'

THORA

Eli bestudeert de *thora* – het heilige boek van de joden – in het Hebreews, maar hij heeft ook een vertaling in het Russisch, om het beter te kunnen begrijpen.

Thora

... 'Ik hou van de bijzondere sfeer op de sabbat. Soms ga ik die dag naar mijn familie. We bidden thuis wat, maar ik ga niet altijd naar de synagoge.'

BIDDEN

Yemin Orde heeft een mooie synagoge. Tijdens het gebed draagt Eli een mutsje, een zogenaamd *keppeltje,* een sjaal, de zogenaamde *tallit* en tefillin, doosjes met verzen uit de *thora.*

Tefillin, met verzen uit de *thora*

... 'We worden op school aangemoedigd, maar niet gedwongen om elke dag te bidden. Ik vind het leuk om meer over mijn godsdienst te leren.'

Kippa

Elk kind heeft recht op vrijheid van

meningsuiting

meningen, bijdrage, respect,

Woorden en daden

Laat merken hoeveel het je doet en toon belangstelling.

Jezelf uiten staat gelijk aan betrokken zijn. Er zijn miljoenen manier om je te uiten. Door je te uiten maak je duidelijk welke dingen je leuk vindt of juist niet, hoe je denkt en voelt. Het geeft je de kans iets over jezelf en anderen te leren.

deelname, individualiteit, inbreng

Uit je!

Wat voor meningen en ideeën heb je? Vind je ze belangrijk? Nou, je hebt gelijk, ze zíjn belangrijk. Jouw meningen en ideeën zouden de wereld kunnen veranderen.

- De wereld is een **heerlijke, leuke, angstaanjagende, blije, bedroefde, geweldige, opwindende** plek – maar het kon beter. Zijn er problemen op school, in je dorp, je land – of in een ander land – waarmee je zou kunnen helpen?

- Iedereen heeft het **recht** om een mening te geven, niet alleen volwassenen, maar kinderen net zo goed. Kinderen die hun meningen **niet kunnen** uiten, voel zich vaak gefrustreerd omdat ze wonen op een wereld die ze niet kunnen veranderen.

Hoeveel manieren kun je bedenken om je te uiten?

- Kinderen konden hun zegje doen tijdens de speciale VN-vergadering voor kinderen, die in mei 2002 werd gehouden in het hoofdkantoor van de Verenigde Naties in New York. Het bood kinderen van overal ter wereld de gelegenheid om met wereldleiders te praten over dingen die hen aangaan.

Doe iets en help de wereld verbeteren door je mening te geven en mee te doen.

- **Bedenk iets** wat je verbeterd zou willen zien of een probleem dat je opgelost zou willen hebben. Dat kan zijn op school, in je dorp of stad of ergens ver weg.
- **Denk na** over hoe jij als kind kunt helpen om een probleem op te lossen. Je hebt bijvoorbeeld misschien geen geld, maar je kunt volwassenen aansporen om geld te geven.
- **Zoek zoveel mogelijk uit** over dat probleem en vertel je vrienden erover. Je zou contact kunnen opnemen met groepen die al aan een oplossing werken.
- **Kies** een manier om te helpen. Dat kan een kleinigheid zijn, zoals geen natuurlijke bronnen verspillen, of iets groters, zoals een eigen organisatie beginnen.

Laat ouders luisteren

Spreek met je ouders en leerkrachten een moment af waarop ze naar jouw problemen luisteren.

Probeer je mening te onderbouwen met feiten.

Geef je ouders en leerkrachten de kans om te antwoorden op wat je zegt.

Blijf kalm en behandel mensen met respect.

- **Kunst maken** – tekenen, schilderen, beeldhouwen, fotograferen, filmen, opnemen, schrijven. Wat je maakt, kun je met anderen delen.
- **Meedoen** – blikjes en flessen hergebruiken, afval op straat oprapen, een schoonmaakactie organiseren in een park.
- **Praten** – luisteren naar wat anderen te zeggen hebben en ze vertellen wat jij ervan vindt. Proberen dingen anders te bekijken.
- **Vrienden maken** – telkens wanneer je een nieuwe persoon ontmoet, kun je nieuwe ideeën en gedachten uitwisselen.
- **Delen** – andere kinderen kunnen hetzelfde probleem of dezelfde zorg hebben als jij. Samen zouden jullie het kunnen oplossen.

Vrijheid van expressie

Mensen houden toespraken, schrijven verhalen, maken schilderijen, componeren en zingen liederen, voeren dansen uit en spelen toneel. Soms uiten we ons omdat we duidelijke gevoelens of meningen over iets hebben en ze met anderen willen delen. Soms uiten we ons omdat we daar behoefte aan hebben. Wat ook de reden is, zelfexpressie is iets om van te genieten en trots op te zijn.

Brazilië Deze kinderen, leden van de EDISCA-dansschool, discussiëren over de productie waarvoor ze repeteren. De voorstelling gaat over mensen die op een vuilnisbelt leven. De kinderen van de dansgroep komen zelf uit een achtergestelde groep.

Iedereen in een dansgroep moet hard werken. Terwijl deze danseres een sierlijke houding aanneemt, werkt een ander even hard om haar te steunen.

Brazilië Diego staat voor een eigengemaakte muurschildering van Bob Marley, een reggaemusicus uit Jamaica. Kunstenaars werken vaak alleen, maar aan een groot kunstwerk zoals dit werken soms veel mensen mee.

... Deze muurschildering betekent dat het werk van Diego door veel mensen kan worden gezien en gewaardeerd. Bovendien wordt de buurt erdoor opgefleurd.

Botswana Deze meisjes nemen hun gesprek over aids op voor een radioprogramma. Aids is een ernstig probleem in Afrika en dit programma is een goede manier om jonge mensen over deze ziekte te informeren.

... Zelfexpressie omvat kunst, dans en muziek, maar ook woorden zijn belangrijk. Kinderen moeten zich uitspreken over dingen die belangrijk voor hen zijn of invloed op hen hebben.

Bolivia Een jongen leert de gitaar bespelen, een traditioneel instrument in het Andesgebergte. De muzieknoten staan in zijn lesboek.

... Als je eenmaal een instrument kunt bespelen, is het geweldig leuk om te proberen met anderen samen te spelen.

Taralyn

Taralyn zit op de Chief Leschi School in de buurt van Seattle in de Verenigde Staten. De school wordt geleid door de indiaanse Puyallup-stam, maar de leerlingen zijn afkomstig uit meer dan zestig indiaanse stammen. Ze leren Engels, rekenen en een heleboel andere vakken en ze leren ook alles over de verschillende stammentradities.

'Ik speel handtrommel en kleppers tijdens het traditionele trommelen, zingen en dansen. Ik denk dat ik het altijd leuk zal blijven vinden.'

USA Vooraleer de Europeanen in Amerika aankwamen, 400 jaar geleden, was dit de thuis van honderden inheemse stammen.

TALEN
Sommige kinderen spreken een indianentaal, maar de lessen worden in het Engels gegeven.

HEILIGE GROND
De school is gebouwd rondom een heilig stuk grond dat tijdens de bouw onaangeroerd bleef. Leerlingen en leraren betreden dit stuk niet, maar veel van de gebouwen kijken erop uit.

'Vanuit onze school kun je Mount Rainier zien. Er zijn arenden die graag boven de school cirkelen. Dat vind ik ook bijzonder.'

KRINGTIJD

Elke dag tijdens krijgen de kinderen tijdens de kringtijd de gelegenheid om traditionele liederen te zingen, te trommelen en over elkaars stam te leren.

'Ik hou het meest van de kringtijd omdat we dan zingen, trommelen en dansen.'

'Powwows zijn gemeenschappelijke feesten. Ze horen niet bij onze historische traditie, maar bij die van de Plain-stammen. Maar we doen graag mee.'

CULTUURDAG

De school organiseert een jaarlijks festival voor indiaanse tradities. De plaatselijke bevolking wordt uitgenodigd om mee te dansen. De kinderen maken elk jaar cadeautjes, die ze op de cultuurdag weggeven.

TOTEMPAAL

Er staan enkele totempalen op het schoolterrein. Elke paal illustreert een legende en het maken ervan duurde maanden.

Bij de hoofdingang van de school staat een totempaal die vertelt hoe de rivier de Puyallup na een grote overstroming werd gevormd door twee zwarte walvissen.

ZALMFEEST

Voor de Puyallup-stam, die vlak bij de kust woont, is zalm van oudsher een basisvoedsel. Op Cultuurdag is er altijd een grote zalmbarbecue.

Elk kind verdient een gelukkig leven

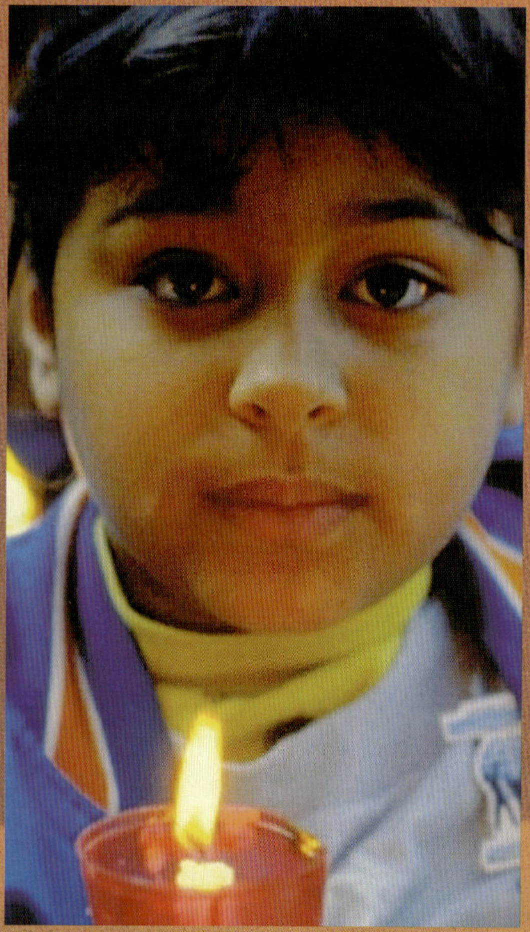

dromen, wensen, ambities, doelen,

Mik hoog!

De toekomst ligt in jouw handen.

Jij kunt de wereld verbeteren. Wat zijn je wensen voor later? Overal ter wereld werken kinderen samen om hun samenleving te verbeteren. Als we allemaal samenwerken, kunnen we een wereld vormen waar het voor iedereen goed leven is.

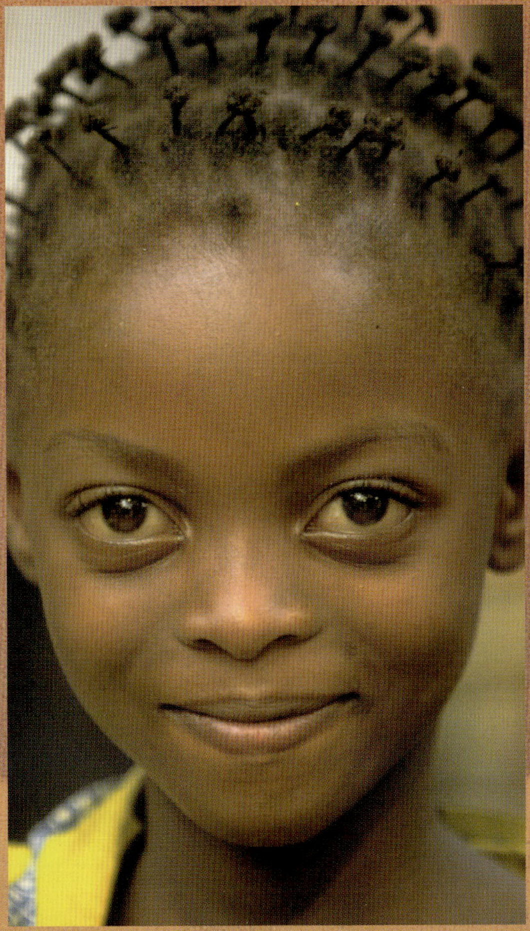

successen, hoop, geluk

Sibasish

De Wereldgezondheidsorganisatie, Unicef en andere partners proberen polio uit te roeien. Sibasish is teamleider bij een project dat de bewoners van sloppenwijken in de Indiase stad Kolkata (Calcutta) meer over de ziekte leert en families aanspoort om hun kinderen ertegen te laten inenten.

POLIO IS DODELIJK

Polio, een erg besmettelijke ziekte, treft meestal arme kinderen onder de vijf jaar. Polio kan via het eten of het water worden overgebracht. Het begint met dezelfde verschijnselen als griep, maar leidt soms tot verlamming en soms de dood.

'We lopen met posters door de straten. Op de mijne staat: "Laat je inenten voor een goed leven." We spelen muziek en zingen liedjes om de boodschap over te brengen.'

Poliovaccin

HUIS AAN HUIS

Sibasish praat over polio en nodigt mensen uit voor een inentingsdag, waarop hun kinderen ingeënt kunnen worden. De meesten zijn maar wat blij dat ze tegen de ziekte beschermd zijn en hoeven niet overgehaald te worden.

India

In India wonen meer dan 1 miljard mensen, waardoor het het op een na dichtstbevolkte land is. Het klimaat varieert van tropisch moessonklimaat in het zuiden tot gematigd landklimaat in het noorden.

'Ik ga drie keer per week op campagne naar alle huizen met kinderen onder de vijf jaar. We vertellen de mensen over polio en over het belang van inenten.'

DE CAMPAGNE TEGEN POLIO

Het is een voorrecht om aan de poliocampagne mee te doen. Er worden elk jaar plaatselijke kinderen voor opgeleid. Ze leren over polio en hoe ze kunnen communiceren en leiding geven.

'Soms komen we bij mensen die boos worden en ons buitenzetten. We geven het niet op, maar gaan een paar dagen later, als ze gekalmeerd zijn, terug om ze over polio te vertellen.'

Campagnetas

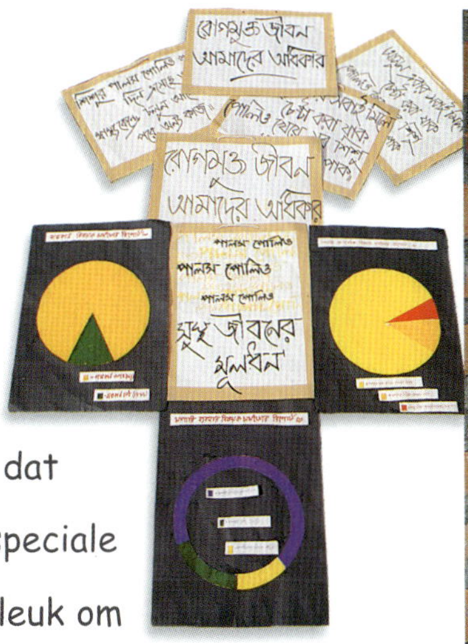

Kleurige kaarten

'Elk kind dat meedoet krijg een speciale tas. We vinden het leuk om kaarten en posters te maken, die we in de tassen meenemen en gebruiken wanneer we campagne voeren.'

INENTINGSDAG

Het werk loont op inentingsdag. De campagnevoerders maken een laatste ronde om er zeker van te zijn dat de ouders hun kinderen laten vaccineren.

'We willen een wereld zonder polio.'

'Ik wil goed doen voor andere mensen en elk kind een betere toekomst geven.'

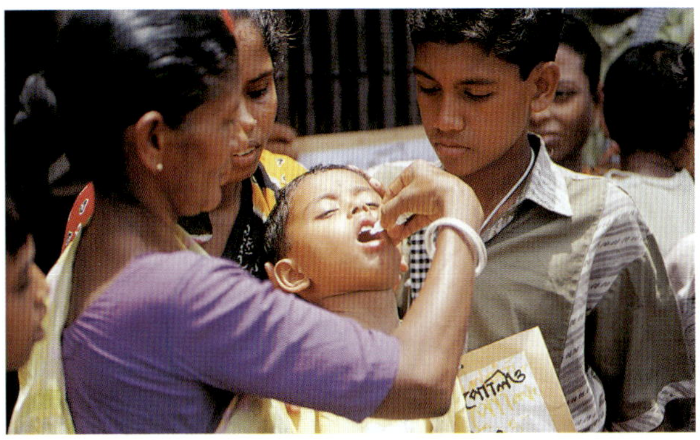

HET VACCIN INNEMEN

Een gezondheidswerker geeft een kind het vaccin. Meestal bestaat dat uit twee druppels op de tong. Om echt doeltreffend te zijn moeten er vier afzonderlijke doses worden ingenomen.

Mayerly

Mayerly is een van de leiders van de Beweging van Kinderen voor Vrede in Colombia – het antwoord van kinderen op het geweld in hun land. De beweging is drie keer genomineerd voor de Nobelprijs voor de vrede.

De Beweging van Kinderen voor Vrede

De beweging ontstond toen Mayerly werd uitgenodigd voor een bijeenkomst van kinderen van allerlei organisaties. Haar beste vriendin, Milton, was kort daarvoor gedood tijdens een gevecht tussen enkele jeugdbenden. De kinderen vonden dat het tijd werd om het geweld te stoppen.

'We zijn het geweld beu. We hebben het recht om kind te zijn en het recht om niet bang te zijn om op straat te komen.'

Colombia

De burgeroorlog stuurde, gedurende 40 jaar, het leven van miljoenen kinderen in de war.

LEREN OVER VREDE

Het logo van de Beweging van Kinderen voor Vrede is de witte hand die je ziet op boeken, T-shirts en spandoeken. De beweging telt meer dan honderdduizend kinderen. Ze doen spellen en steunen elkaar in plaats van lid te worden van gewelddadige benden en betrokken te raken bij wapens en drugs.

'De witte hand betekent geen geweld.'

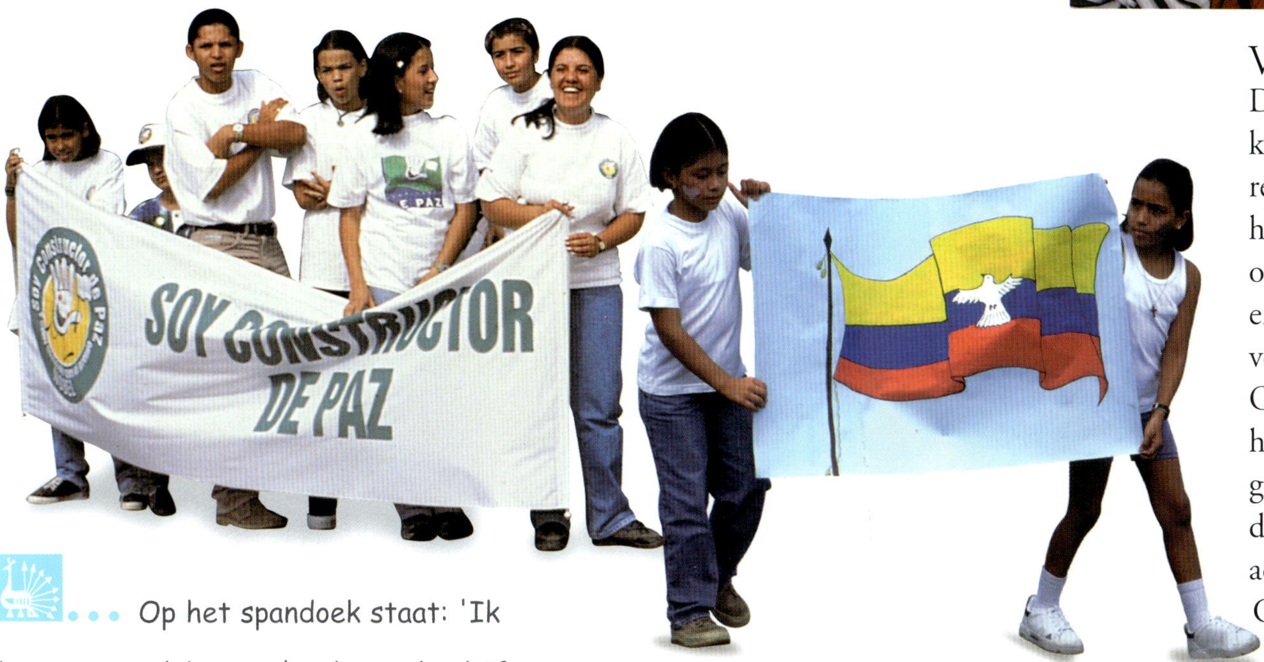

Op het spandoek staat: 'Ik ben een vredebouwer' – de vredesduif vliegt over de Colombiaanse vlag.

VREDEBOUWERS

De beweging vindt dat de kinderen van Colombia het recht hebben om te leven, het recht op vrede, het recht om van iemand te houden en het recht op veiligheid voor zichzelf en hun familie. Optochten zoals deze hebben de regering geholpen om te verbieden dat kinderen beneden de achttien voor het Colombiaanse leger worden geronseld.

DE MAMA VAN MAYERLY

De ouders van Mayerly waren bang dat haar iets zou overkomen vanwege haar bemoeienissen met de beweging. Nu zijn ze erg trots op hun dochter.

'We proberen kinderen op school en mensen in de buurt ervan te overtuigen dat dit de weg naar een betere toekomst is. Niemand kan 10 miljoen Colombianen doden die over vrede praten.'

'We bouwen vrede met spel en vriendschap.'

Index

Verantwoording

DK dankt:

Alle kinderen en hun ouders voor hun deelname aan dit boek, in het bijzonder: Anita McDaniel; Jacqueline Mliswa; and Raili Jones.

Het volledige team van UNICEF, de nationale UNICEF-verenigingen in alle landen die we bezochten, en de mensen die voor hen werken, voornamelijk: Sara Cameron, Siddharth Dube, Hirut Gebre-Egziabher, Patricia Lone, Jan Mun, Tina Omari, Hashi Roberts, Ellen Tolmie, Nicole Toutounji (New York); Chulho Hyun (Afghanistan); Naseem-Ur Rehman (Bangladesh); Rochita Talukdar (India); Susan Aitkin (Laos); Bert Tielemans (Netherlands); Monica Awad (Occupied Palestinian Territory); Cyriaque Ngoboka (Rwanda); Donald Robertshaw (Sierra Leone); Nance Webber (Sudan); Andy Bool (UK); Patrick Fruchet (Yugoslavia).

Alle scholen, leerkrachten en organisaties die ons hebben geholpen, voornamelijk: Deborah Allen, Tami Cooper, Erika Hope (Chief Leschi School); Laura Buller (US consultant); Tony Ackerman (Ellerton School); Michelle Berriedale-Johnson (Allergy Action); Lewsey Park Pool (UK); Planet Ice (UK); Sharon Knight (Wilbury Junior School, Letchworth, UK); Lisa Leblanc (Special Olympics, Georgia, USA); Sacha Kamau and Zoe Horner (The Travel Company, London); Tamsin Maunder (WaterAid); Chaim Peri, Susan Weijel (Yemin Orde, Israel); Cristina and Alex Zampalo.

Alle medewerkers van Dorling Kindersley, voornamelijk: Jacqueline Gooden, Tory Gordon-Harris, Cheryl Telfer (design assistance); Abbie Collinson (map artworks); Penny Arlon, Caroline Bingham, Simon Holland, Rebecca Knowles, Cynthia O'Neill (editorial assistance); Jane Oliver-Jedrzejak (jacket editor); Jenny Cavill, Kristen L'huede, Mariza O'Keeffe (administration); David Roberts (cartography); Alex Kirkham (licensing); Sarah Mills, Gemma Woodward, Hayley Smith, Claire Bowers (picture library); Rosie Adams (DK Australia); Shuka Jain, Kiran Mohan (photography co-ordination, DK India).

Chris Bernstein (index); Lorrie Mack (proofreading).

De fotografen: Shome Basu (India), Andy Crawford (Netherlands, Spain, UK, USA), Jim Holmes (Laos), Roger Lemoyne (Israel, Occupied Palestinian Territory), Leon Mead (Australia), Shehzad Noorani (Bangladesh, Sudan, Yugoslavia), Rod Shone (UK), Jon Spaull (Rwanda, Sierra Leone), Asad Zaidi (Afghanistan).

De uitgever wil graag de volgende mensen danken voor hun toestemming om hun fotomateriaal af te drukken:

a=boven; b=onder; c=midden; l=links; r=rechts; t=top;

Andes Press Agency: 56bl, 57bl, 75bc, 90bl, 90br, 114bc; Lisa Payne 107tr; Carlos Reyes-Manzo 60tr, 100bl; **Art Directors & TRIP:** 30bl; H Rogers 111tc; **John Birdsall Photo Library:** 71cl; **Corbis:** 30-31, 51tr, 74br, 77, 84tr, 90, 91bl, 103tr, 110bl, 115bc; Abbie Enoch 30bc; Owen Franken 19c; Julie Houck 39bc; Richard Hutchings 22tr; Joel W Rogers 39br; Michael S Yamashita 18br; **Jane Cumberbatch:** 45tr, 46br; **Earth Images:** 12tr; **Getty Images:** 69tr, 90c; **Getty Images News Service:** 68tl, 82-3, 100-1; Don Smetzer 93br; **Glasgow Museum:** 103bc; **Hutchison Library:** 71tr, 71cr; **Images Of Africa Photobank:** 30bl; **Impact Photos:** 122-123; **Jewish Museum:** 110tr; **Joods Historisch Museum:** 102br; **Magnum:** 4tc, 4tr, 5tr, 8tr, 23tc, 23tr, 23tr, 30bc, 44tl, 44tr, 44tcl, 44tcr, 45tl, 45tcl, 46bl, 46bc, 47bl, 47bc, 56bc, 56br, 57bc, 57br, 64tl, 64tc, 66bl, 66bc, 66br, 67bl, 67bc, 70cr, 74bc, 75bl, 75br, 76tl, 83bc, 91br, 94tr, 94cr, 94br, 94l, 95bl, 100bc, 101bl, 101br, 110cl, 110-1, 111cr; Daniel Alan Harvey 98tc1, 114br; Steve Moss 122br; **Masterfile UK:** 66-7; **Network Photographers Ltd.:** Jenny Matthews 67br; **Panos Pictures:** 71bl; **Pictorial Press Ltd:** 65tcl; **Pictor International:** 11br, 58, 74-5, 91bc; **Powell Cotton Museum:** 102bl; **Powerstock Photolibrary:** 18-19; **Save the Children:** 19bl; Neil Cooper 47br; **Science Photo Library:** 38-9; **Still Pictures:** 87c; Shehzad Noorani 10bl, 10br; Hirimui Schwarzbach 10bc; **Peter Stone:** 65tr; **© UNICEF:** Blid Alsbirk 15r, 95br; Cindy Andrew 18c; Patricio Baeza 119br; Alejandro Balaguer 61bl, 76cr; David Barbour 61br; Liza Barrie 93tl; Radhika Chalasani 87br,123r; Franck Charton 64tr, 74l; John Chiasson 122l; Stephanie Colvey 41cl; Donna DeCesare 6bc, 99br, 126c, 127br; Lauren Goodsmith 64ctl, 79cl, 79bl; Jeremy Horner 50cl, 50bl, 78c, 98tr, 115r, 126br, 127tl, 127tr, 127c, 127cr, 127bl; Altaf Hossain 106c; Roger Lemoyne 14c, 14l, 22bl, 30tr, 30br, 36c, 36l, 37r, 39br, 41bc, 65tl, 82l, 82c, 82r, 83l, 95c, left back end paper; Stevie Mann 65tc, 86c, 86t, 86bl, 86br; Susan Markisz 116bc; Ruby Mera 98tcr, 114bl; Shehzad Noorani 9tr, 41ct, 50tr, 50br, 61tl; Giacomo Pirozzi 8tl, 8tcl, 8tcr, 9tc, 11l, 23r, 28tr, 40l, 41cr, 51r, 60bc, 61cr, 70bl, 79bl, 85tr, 87t, 99tr, 101c, 107br, 115br, 119bl; Betty Press 87cl; Nicole Toutounji 83r, 84bc, 85bc; Claudio Versiani 99tcl, 99tcr, 118c, 118tr, 119tl.

omslag: **Corbis:** Tim Page front cl; **Getty Images:** Brian Bailey front tll; Wayne Eastep front trr; Dan Kenyon front bl; David Roth front br; **Barnabas & Anabel Kindersley:** back tl, tr, cl, cr, front b; **Magnum:** Abbas front tl; Ian Berry front tcr, tcrr; Harry Gruyaert front tc, Peter Marlow front bc; Chris Steele-Perkins front cr; **The Photographers' Library:** inside back; **Planetary Visions:** inside front bl; **Save the Children:** back bl, bcr; Neil Cooper back br; **Still Pictures:** Hirimui Schwarzbach spine t; **© UNICEF:** Radhika Chalasani back bcl; Nancy McGirr front tr.

voor meer informatie zie: www.dkimages.com